나의 권리를 말한다

나의 권리를 말한다
- 살아가면서 읽는 사회 교과서

초판 1쇄 발행 2008년 1월 25일
초판 22쇄 발행 2017년 1월 18일

지은이 전대원
펴낸이 고영은 박미숙

펴낸곳 뜨인돌출판(주)
출판등록 1994.10.11(제406-251002011000185호)
주소 10881 경기도 파주시 회동길 337-9
홈페이지 www.ddstone.com
대표전화 02-337-5252 팩스 031-947-5868

ⓒ 전대원, 2008

ISBN 978-89-5807-218-8 03300
(CIP제어번호 : CIP2010001187)

살아가면서 읽는 사회 교과서

나의 권리를 말한다

전대원 지음

뜨인돌

차례

들어가는 이야기_권리 위에 잠자는 자는 보호받지 못한다 6

1장 나는 행복의 나라로 갈 테야_행복추구권 9

2장 당신은 언제부터 '사람'이었습니까?_천부인권 25

3장 우울한 미래, 불편한 진실, 그러나 소중한 모성_모성권 39

4장 공부하러 가서 맞고 오다, 여기는 대한민국 학교_교육권 55

5장 건강권 앞에서 모두 눈 깔아!_건강권 73

6장 의무를 거부하지만, 그래도 국민이다_양심적 병역거부 89

7장 광고야, 집을 욕되게 하지 마_주거권 109

8장 다 누리십시오, 심지어 범죄를 저질렀더라도_피의자 인권 127

9장 이토록 스펙터클한 노동 현실_노동기본권 139

10장 모두의 문제라서 누구의 것도 아닌 환경 문제_환경권 155

11장 참을 수 없는 소비자의 유약함_소비자 권리 169

12장 당신의 지식을 셈하는 세상의 기준_지적재산권 187

13장 작정하고 쓴 종교 이야기_종교의 자유와 한국의 기독교 203

14장 왜 죽음을 결정할 권리를 말하는가_안락사 217

더 알아볼 거리_모두를 위한, 그러나 낮은 자에게
　　　　　　　더 친절한 권리 촘촘히 알기 226

맺는 이야기_상대적이고 절대적인 '착함'의 모호함 235

들어가는 이야기

권리 위에 잠자는 자는 보호받지 못한다

    2007년, 가장 쇼킹했던 사건을 하나 꼽는다면 재벌그룹 회장이 아들을 대신해 저지른 보복 폭행 사건을 빼놓을 수 없을 것입니다. 10년 전 어느 탈주범이 진한 선글라스를 끼고 외쳤던 '유전무죄 무전유죄'라는 법언을 떠올리며 사람들은 분노했지요. 그런데 법망을 무시한 오만이야 비판받아 마땅했지만, 사람들의 비판에 약간 엇나가는 지점이 있음을 발견할 수 있었습니다.

    물론 재벌그룹 회장의 오만은 돈으로부터 나온 것이었습니다. 하지만 그가 법적인 제재를 받는 데 시간이 걸린 것은 돈의 힘만은 아니었습니다. 그를 보호했던 것은 피의자의 인권을 보장하기 위해 마련되어 있는 법적 장치들이었고, 회장의 변호사들이 그것을 최대한 이용한 것이었습니다. 소시민들은 돈이 없어서 그런 권리들을 누리지 못한다고 생각할 수도 있지만, 한편으로는 몰라서, 못난 탓에 주어진 밥그릇도 못 찾아먹는다는 말도 나올 법합니다.

'권리 위에 잠자는 자는 보호받지 못한다'라는 유명한 법언이 있습니다. 자신의 권리는 스스로 찾는 것이지 누가 찾아 주는 것이 아닙니다. 물론 누군가 대신 권리를 찾아 주는 경우도 있긴 합니다. 재벌그룹 회장처럼 돈이 많으면 권리에 대한 지식을 돈으로 살 수 있고, 권력이 있으면 아랫사람들이 알아서 권리를 찾아다가 바치기도 합니다. 그것을 예의라는 말로 포장하면서 말이지요.

'법은 만인 앞에 평등하다'라는 말을 저는 신뢰하지도 않고, 추구해야 할 가치로 생각하지도 않습니다. 법이 추구해야 할 방향은 낮은 자를 향한 따뜻한 배려일 텐데, 현실은 낮은 자에게 엄격하고 높은 자에게 관대하기 때문입니다. 그래서 저는 '법은 만인 앞에 평등하다'라는 법언보다 '낮은 데로 임하소서'라는 종교적 수사를 더 좋아합니다. 물론 이것은 예수님이 마구간에서 태어나셨듯이 신의 은총이 낮은 데까지 미치길 바란다는 기원입니다. 하지만 현세적 성격이 강한 저로서는 낮은 데로 임할 구체적인 대상이 권리였으면 합니다. 그리고 이 책이 낮은 자가 자신의 권리를 스스로 주장하고 높은 자가 낮은 자의 권리를 배려하도록 하는 계기가 되었으면 합니다.

푸코라는 학자가 말하기를 사람들은 모두 자신의 위치에서 권력을 행사한다고 합니다. 낮은 자와 높은 자의 개념은 상대적입니다. 돈과 권력의 기반이 탄탄해서 늘 높은 자리에 있는 사람도 있겠지만, 우리들 대부분의 자리는 그 위치가 유동적입니다. 높은 곳에 있을 때 낮은 곳을 배려할 줄 안다면 사회는 분명 아름다워질 것입니다.

더 착하고 아름다운 세상을 위한 소박한 실천을 꿈꾸며, 이 책을 세상에 내놓습니다.

1장
나는 행복의 나라로 갈 테야

행복추구권

모든 국민은 인간으로서의 존엄과 가치를 가지며, 행복을 추구할 권리가 있다.-대한민국 헌법 10조

행복해질 권리, 잠자고 있지 않은가

헌법에 보장되어 있는 권리 중에서 법학자들이 해석하기 가장 어려워하는 권리가 행복추구권이라고 합니다. 그 이유는 행복추구권이 추구하는 내용이 명확하지 않기 때문입니다. 법을 잘 모르는 입장에서야 모든 사람들은 행복을 추구하니 그러한 권리가 있을 것이라고 단순하게 생각할 수 있지만, 논리적으로 법조문을 해석해야 하는 헌법학자나 헌법재판소 재판관들에게는 여러 해석상의 난점을 주고 있습니다. 일설에 의하면 군인들이 정권을 잡으면서 "외국에 행복추구권이라는 듣기 좋은 권리가 있다고 하니 집어넣어라" 해서 아무 생각 없이 집어넣었다는 이야기가 전해지기도 합니다. 알고 넣었든 모르고 넣었든 모든 인간이 행복을 추구할 권리가 있다는 것을

당연한 기본권으로 알고 해석하면 될 것 같습니다.

문제는 인간의 행복이 상대적인 감정인데, 개인의 행복을 어디까지 인정해야 하느냐는 겁니다. 제가 기억하는 아주 재미있는 헌법소원* 사건이 하나 있습니다. 1995년에 춘천고등학교에 재학 중이던 최우주라는 학생이 학교에서 실시하는 야간자율학습이 고등학생의 행복추구권을 침해하므로 헌법소원을 제기하겠다고 선언했습니다. 〈시사매거진 2580〉이라는 프로그램에도 소개되어 크게 화제가 되었는데, 학교에 대한 학생의 거리감을 상징적으로 보여 준 사건이었습니다.

최우주 학생이 재학 중이던 춘천고등학교는 강원도에서 상당한 명문 고등학교로 알려져 있습니다. 따라서 강제적으로 실시하는 야간자율학습과 보충학습의 강도가 상당히 셌을 것이라 생각됩니다. 최우주 학생은 헌법소원을 제기하기 위한 전 단계로 학교의 강제 자율학습과 보충수업 시행과 관련해 청와대, 교육부, 강원도교육청 등에 민원을 제출하였습니다. 또한 당시 인터넷과 같은 역할을 하고 있던 PC통신 하이텔 게시판에 글을 올려 같은 문제의식을 갖고 있던 많은 사람들을 열띤 토론의 장으로 이끌어 내기도 했습니다. 이 민원에 대해 강원도교육청은 "보충·자율학습의 강제성은 사실이 아니며 학생들의 기본권을 침해했다고 보는 것은 무리"라면서 "보충·

----

* 헌법소원 헌법에 보장되어 있는 기본권을 침해당했을 때, 이를 해결하기 위하여 헌법재판소에 심판을 제기하는 것을 헌법소원이라고 한다. 권리가 침해당했다고 모두 헌법재판소에 제기할 수 있는 것은 아니고, 다른 법적 수단을 다 동원했는데도 문제가 해결되지 않았을 때 최후의 수단으로 이용할 수 있는 방법이다. 본문에 나오는 최우주 학생은 헌법소원을 실제로 제기하지는 않았고, 헌법소원 심판을 청구하기 위해 다른 법적 절차를 거치면서 사회적으로 큰 이슈가 되었다.

자율학습은 희망학생, 희망교과에 한해 실시하게 되어 있다"라는 답변을 내놓았습니다.

참 신기한 것은 자율학습이 현장에서는 분명히 강제로 이루어지고 있는데, 교육청이나 교육부는 자율로 이루어지고 있다는 대답을 되풀이하고 있다는 사실입니다. 제가 소속되어 있는 경기도교육청도 이런 민원이 제기되면 똑같은 대답을 합니다. 여기서 그 비밀을 말씀드리겠습니다. 이것을 이해하기 위해서는 관료 사회의 문서주의와 위선을 잘 알아야 합니다.

재미있는 관료 사회의 문서주의

관료 사회에 대한 이해를 돕기 위하여 제 군대 경험을 하나 이야기하겠습니다. 저는 군생활을 200여 명의 부대원이 있는 대대급 부대에서 시작하였습니다. 군대에는 일조행사라는 것이 있어서 아침마다 구호제창과 국군도수체조를 전 부대원이 모여서 실시합니다. 그런데 제가 있던 부대는 산꼭대기에 있었기 때문에 아침이면 부대 전체가 구름에 싸여 있을 때가 많았습니다. 밖에서 부대가 있는 산 정상을 바라보면 구름에 싸여 있는 것이고, 부대 안에서 보면 안개가 껴 있는 것입니다. 가끔 아침에 일어나서 BOQ*의 창문을 열면 구름이 방 안으로 밀려오는 모습을 보게 될 때도 많았습니다. 이렇

---

* BOQ Bachelor Officer's Quarters 의 약어로 '독신 장교 숙소' 라는 뜻이다. 군대에서 사병들은 내무반에서 생활하고, 장교들에게는 일반적으로 2인 1실의 BOQ가 제공된다.

게 구름 속에 있는 날이면 일조행사를 하기가 어렵습니다. 그래서 일조행사를 하는 날보다 못하는 날이 많았습니다. 일선 부대에서는 비 때문에 일조행사가 좌지우지되지만, 제가 있던 부대는 구름 상태에 달려 있었습니다.

문제는 일조행사가 군대 내에서는 의무 사항이라는 겁니다. 그래서 감사가 내려오면 일조행사를 제대로 했는지 검사합니다. 만약 일조행사 횟수가 적으면 상급부대로부터 지적을 받게 됩니다. 부대 배치를 받고 6개월이 지나서 제가 있던 부대도 감사를 받게 되었습니다. 저의 상관이었던 대위가 일조행사도 점검할 테니 감사 준비를 철저히 하라고 지시하였습니다. 그래서 저는 대위에게 물었습니다. "일조행사를 했는지 안 했는지 어떻게 압니까? 비디오로 찍어 놓은 것도 아니고…." 그랬더니 대위가 하는 말이 일조행사 일지라는 것을 쓰면 된다는 것입니다. 그러고는 일지를 가져오더니 지난 6개월 치 일지를 다 쓰라는 것이었습니다. 자기가 게을러서 미처 일지를 다 적지 못했으니, 한번에 다 적으면 된다면서요. 거기에 날짜와 날씨, 참석 인원, 그리고 복명복창한 구호를 적는 것입니다. 저는 어이가 없어서 이 일지를 다 채우면 일조행사를 잘한 것이냐고 물었더니, "그렇다"는 대답이 돌아왔습니다. 일단 상관의 명령이니 달력을 보고 날짜를 적고, 부대 일지에서 날씨를 찾아 적은 다음에 참석 인원과 구호는 제가 알아서 가짜로 적었습니다. 공무원 사회에는 '가라 정리'라는 은어가 있는데, 가짜라는 뜻의 일본어인 가라를 차용하여 만든 말입니다. 제가 한 일이 바로 가라 정리였습니다.

다음날 감사관이 상급부대에서 내려왔습니다. 일조행사를 점검

한다고 하니 대위는 저에게 일조행사 일지를 가져오도록 시켰습니다. 그래서 전날 가라 정리한 일지를 가져와서 감사관에게 보여 주었습니다. 그랬더니 감사관은 일조행사를 아주 열심히 했다고 흡족해하는 것이었습니다.

제가 정말로 이해할 수 없었던 것은 그 감사관도 이런 대대급 부대에서 근무하다가 상급부대로 근무처를 옮긴 군인이라는 겁니다. 따라서 자기들이 내려오기 전날에 부대에서 열심히 가라 정리를 한다는 사실을 잘 알고 있을 게 분명했습니다. 그런데 제가 어제 열심히 볼펜 색깔 바꿔가며 정리했단 사실을 능히 추측하고도 남았을 텐데 가라 정리한 일지를 보고 잘했다고 칭찬을 하는 것입니다. 일조행사를 정말로 잘했다고 생각하는 것인지, 티 안 나게 가라 정리를 잘했다는 뜻인지 도통 알 수가 없었습니다.

사실 군대에서 이와 같은 일은 일조행사에만 국한된 것이 아닙니다. 옛날에 군생활을 하셨던 분들이 말씀하시길, 부대에서 모자가 모자라면 전체 부대의 모자가 한 바퀴 순회를 했다고 합니다. 군대 물품이 부족하던 시절에 모자를 제대로 보급하기 어려워, 감사가 내려오면 감사하는 사람 앞에서만 모자의 개수를 채워 넣은 겁니다. 제대로 세어 보면 분명히 모자의 개수가 부대원의 수보다 적게 나오지만, 문서상으로는 이상이 없습니다. 모자가 없어지면 엄청난 얼차려가 기다리니 모자를 돌리면서 개수를 채우게 된 것입니다.

야간자율학습이 순수 희망에 의하여 자율적으로 실시된다는 교육청의 천편일률적인 대답도 이러한 관료 사회의 문서주의에서 비롯된 것입니다. 문서상으로는 자율적으로 실시하는 것이 맞습니다. 학기가 시작되면 학교에서는 학생들로부터 자율학습 희망원을 받게 합니다. 담임들은 등사된 용지를 가지고 학생들에게 가져가서 희망과 불희망이라는 두 칸 중에 자신이 원하는 곳에 동그라미를 치라고 합니다. 그러면 학생들이 물어봅니다. "저희 맘대로 써도 되는 건가요?" 그러면 이렇게 대답을 합니다. "맘대로 쓰는 것은 아니고 자율적으로 희망란에 동그라미를 그리면 된단다."

고등학교 시절에도 비슷한 말을 들은 적이 있습니다. 수재의연금을 내는데 담임 선생님께서 이렇게 말씀하셨습니다. "자율적으로 1,000원 이상씩 내기 바란다." 아마 문학에서 쓰는 형용모순도 이렇게까지 모순이진 않을 겁니다. 자율적으로 1,000원 이상씩 내라는 말이나, 자율적으로 희망란에 동그라미를 치라는 말이나 우리 국어의 표현법을 모독하기는 마찬가지입니다. 다행히 학생들은 초중고 교육을 통하여, '자율적인 강제'에 참 익숙해져 있습니다. 그래서 자율적으로 희망란에 동그라미를 잘 쳐서 냅니다. 이런 이유로 '강제'가 아닌 '자율적'인 야간자율학습이 실시되는 것입니다. 그리고 교육청 감사가 내려오면, 자율적으로 희망란에 동그라미를 친 전교생의 희망원을 보여 줍니다. 그러면 모든 문제는 무사히 해결이 됩니다.

학생은 학교 때문에 불행하다

요즘은 야간자율학습을 야간자기주도학습이라고 합니다. 자기주도학습은 지식이란 객관적으로 주어진 것이 아니라 구성된다는 원리에서 출발하였습니다. 어떤 객관적 지식을 외우고 받아들이는 것이 아니라, 스스로의 계획에 의하여 학습 환경을 구성하고 계획하여 자신의 지식을 만들어가는 과정을 중시하는 학습법이 자기주도학습입니다. 따라서 학생들을 강제로 남겨서 교과서를 외우며 공부하게 하고 선생님들이 왔다 갔다 하면서 감시하는 교육에는 절대로 자기주도학습이란 명칭을 붙일 수가 없습니다. 그런데 멀쩡하게 공부 많이 하신 높으신 분들이 자기주도학습이란 말을 쓰는 것을 볼 때는 어이가 없습니다. 그래서 저는 학생들에게 자기주도학습이란 용어를 만든 서양학자가 한국에 와서 이 개념이 어떻게 쓰이는가를 보면 아마도 놀라 자빠질 것이라고 말합니다. 차라리 야간학습이라고 하면 될 일을 자기주도라는 말을 붙여서 개념에 욕을 보이는 것은 적어도 개념을 정확히 설명해야 할 책임이 있는 교육자로서 해서는 안 되는 일이라고 생각하기 때문입니다.

어떤 관리자는 야자가 실시되는 교실을 돌아다니면서 남아 있는 학생이 적은 반 담임을 불러 반 관리를 어떻게 하는 것이냐고 질책을 할 때도 있습니다. 이런 질책을 듣게 되면 담임 선생님은 학생들을 닦달하게 됩니다. 아프다고 하면 뭐가 아프냐고 하면서 참으라고 하고, 생리통이 있다는 여학생에게 진통제 먹고 참으라고 하게 됩니다. 가장 난처한 경우는 학부모가 음료수를 들고 와서 "우리 집 아이는 야자가 맞지 않으니 빼달라"라고 부탁하는 경우입니다. 학교에서는 강제로 공부를 시키라고 하고, 학부모는 빼달라고 하고, 담임은 관리자 눈치가 보여 빼줄 수 없다고 하며 실랑이하는 모습을 보면 뭐가 잘못되어도 한참 잘못되었다는 생각을 하게 됩니다. 어쨌거나 야자 인원이 적게 남으면 관리자로부터 담임 선생님은 능력 없는 교사로 낙인이 찍힙니다. 물론 소신을 갖고 야자를 강제로 실시하는 교사들도 있지만, 이러한 압력으로 실시되는 경우가 많습니다.

최우주 학생의 헌법소원 제기가 사회적 논란이 된 지도 10년이 넘었지만, 아직도 지역교육청이나 교육부, 청와대 홈페이지에는 강제적인 야자를 폐지해 달라는 의견들이 종종 올라오고 있고, 이에 '강제로 실시하는 야자는 없다'라는 틀에 박힌 답변만 되풀이되고 있습니다.

학생들의 행복추구권과 관련하여 또 하나 문제가 되는 것은 두발단속입니다. 저는 머리 스타일에 별로 신경을 쓰지 않는 편이라, 선생님에게 죽도록 혼나면서도 파마를 하거나 염색을 하는 학생들의 심리를 잘 이해하지 못합니다. 그래서 학생들에게 "나라면 그렇게 혼나고 고생하느니 파마 풀고 염색한 것도 다시 검정물을 들이겠다"라고 말하기도 합니다. 그러나 학생들의 의견은 달랐습니다. 그건 개성이고 자기는 혼날 때 혼나더라도 머리는 맘대로 해야겠다는 것입니다. 구한말 단발령이 일어났을 때 면암 최익현 선생이 했다는 말도 학생들은 잘 인용합니다. "머리는 자를 수 있어도 머리카락은 자를 수 없습니다."

이와 관련해서 하남시에 있는 한국애니메이션 고등학교의 사례가 재미있습니다. 애니메이션 고등학교는 디자인이나 영상제작, 만화에 관심이 있는 학생들이 입학하는 특성화고등학교입니다. 그 학교 학생들은 예술계로 나갈 학생들이라 두발에 대한 제한이 없다고 합니다. 기이한 것은 두발 자유화를 학생들보다 선생님들이 더 좋아한다는 사실입니다. 두발 단속할 일이 없으니 교사 입장에서는 오히려 편하다는 것입니다. 물론 보수적인 선생님들 중에는 긴 머리에 염색하고 다니는 아이들을 불편해하시는 분들도 있다고 합니다. 그러나 학생들과 대립할 일이 없어서 참 좋다는 선생님들을 더 많이 만났습니다. 두발을 규제하겠다는 마음을 일거에 없앨 수만 있다면, 아마도 교사들의 행복지수는 지금보다 훨씬 높아질 것입니다.

사정이 이러하니 학생들의 행복추구권이라는 말은 사치에 가깝습니다. 대한민국의 오늘을 사는 고등학생들은 절대로 행복할 수가 없습니다. 학생들은 틀에 박힌 교육보다 개성을 추구하기를 원하는데, 학교는 입시교육만 시키니 여기서 나오는 엇박자가 심합니다.

아이들에게 행복하냐고 물어본 적 있습니까?

이런 한국의 숨 막히는 교육 현실을 뚫고 나온 청년기의 심리를 잘 이용했던 광고가 있는데, 바로 TTL광고입니다. 당시 대중에게 전혀 알려지지 않았던 임은경이란 배우를 파격적으로 등장시킨 이 광고는 중년층 브랜드 이미지의 SK텔레콤을 일약 스무 살 젊은이들의 대표 전화로 만들어 주었습니다.

지금도 많은 사람들이 임은경의 몽환적 이미지와 미스터리 기법을 활용한 TTL광고를 잘 기억하고 있습니다. 이 광고는 티저Teaser* 광고 기법을 활용하여 상품에 대한 구체적인 정보는 제공하지 않고 오직 이미지로만 승부를 걸었습니다. 사람들의 기억 속에는 광고의 단편적인 이미지들이 강렬한 인상으로 남아 있겠지만, 각각의 이미지들은 잠재의식 속에서 줄거리가 전개될 수 있도록 치밀하게 구성되어 있었습니다.

 광고 속의 임은경은 깨진 어항 속에서 휴대폰을 발견합니다. 그때 나오는 광고 문구가 인상적입니다. '스무 살의 자유, TTL'. 깨진 어항은 방금 탈출한 숨 막히던 현실을 뜻합니다. 그리고 휴대폰은 임은경으로 대표되는 스무 살의 청년들에게 해방의 메시지를 전달합니다. 그래서 TTL은 스무 살의 자유가 되는 것입니다. 시리즈 광고였던 TTL광고는 1편에서 올챙이가 등장하고, 2편에서는 박제된 물고기가 살아 있는 물고기로 변해 갑니다. 점차 자유를 찾아서 성인이 되어 가는 과정을 상징한 것입니다. 이후 광고에서는 임은경이 물속으로 서서히 걸어 들어가면서 죽어 있던 나무에 잎이 피어나 생동감을 찾는 모습이 형상화됩니다. 그리고 도전적인 어조로 물어봅니다.

 "너 행복하니?"

 일종의 반어법이었습니다. 입시에 찌들었던 스무 살이 행복할 리가 없습니다. 광고는 TTL이 스무 살의 고객을 행복하게 해줄 것이란 암시를 잠재의식 속으로 끊임없이 전달합니다. 이 광고는 대성공

---

* 티저Teaser '괴롭히는 사람, 어려운 일'이라는 뜻을 가진 단어로, 광고에서는 신제품 출시 전에 소비자의 관심을 끌기 위해 정보의 일부만 보여 주는 기법을 일컫는다. 진짜 알리려는 내용은 숨기고 신비한 이미지, 알쏭달쏭하거나 강렬한 광고 문구를 사용하여 소비자의 호기심과 기대감을 높이고, 광고 효과를 극대화할 수 있다. 대표적인 티저 광고는 1981년 프랑스 아브니어 정당의 정치 광고. 이 정당은 파리 시내에 '9월 2일, 윗부분을 벗겠다'라는 글귀와 함께 젊은 여성의 사진이 담긴 포스터를 걸었다. 9월 2일에는 윗옷을 벗은 여성의 사진과 함께 '9월 4일, 아랫부분도 벗겠다'라는 글귀가 적힌 포스터를 붙였다. 9월 4일에는 실오라기 하나 걸치지 않은 여성의 뒷모습 사진과 정당의 지지를 호소하는 글을 담은 포스터를 붙였다. 우리나라의 경우, 본문에서도 언급된 TTL 광고나, 인터넷사이트 마이클럽의 '선영아 사랑해' 벽보 광고가 대표적인 예다.

거두어서 이후 다른 통신사들이 따라갈 수 없는 아성을 구축하게 됩니다. 성공 요인은 앞선 광고 기법, 임은경이라는 신인 배우의 적절한 캐스팅, SK텔레콤의 브랜드 파워 등 여러 가지를 들 수 있지만, 기본적으로는 당시 떠오르기 시작한 N세대*의 마음을 확실하게 사로잡은 것에 있다고 볼 수 있습니다.

고등학생들을 데리고 수업을 하다 보면 그들이 숨 막히는 현실에서 휴대폰을 통해 자유를 만끽한다는 사실을 여러 번 확인할 수 있습니다. 앞에서 수업하는 선생님이 아무리 주의를 주어도 뒤에서 휴대폰을 가지고 문자를 주고받는 학생들이 한두 명은 꼭 나옵니다. 요즘 학생들에게 가장 무서운 벌은 휴대폰을 압수하는 것입니다. 매를 맞는 것보다 더 무서운 벌이 휴대폰 압수인 것입니다.

이렇게 학생들이 휴대폰을 자신의 분신처럼 여기는 문화가 입시제도와 충돌했던 사건이 수능에서 휴대폰 소지자를 부정행위자로 간주했던 일입니다. 2004년에 휴대폰을 통한 대규모 입시 부정이 일어나자 교육부는 수능 고사장에 일체의 휴대폰 반입을 금지시켰고, 휴대폰을 가지고 있을 시에는 무조건 부정행위를 한 것으로 간주하여 0점 처리하기로 지침을 정했습니다. 문제는 그렇게 홍보를 했는데도 휴대폰을 지니고 시험을 친 학생이 있었다는 것입니다.

제가 알고 있기론 상당수의 학생들이 휴대폰을 가지고 시험장에

* N세대 1990년대 초반 신세대 논쟁 이후부터 세대 앞에 영어 알파벳을 붙이는 것이 유행했다. 당시 신세대는 고도성장기 이후 출생한 1970년대생들이 정치보다는 개성을 강조하는 특성을 상징하는 말로 자리잡았다. 뒤를 이어 X세대가 등장했는데, 여기서 X는 '정체를 알 수 없다'라는 의미다. N세대는 인터넷과 컴퓨터와 함께 성장해온 세대를 의미한다. N은 New와 Network의 N이다.

입실했습니다. 그런데 그중 일부 학생들이 휴대폰 소지로 적발되고 이 학생들은 그해 시험이 0점 처리가 되어 대학 입학이 좌절되었습니다. 단순한 휴대폰 소지로 그동안의 노력이 허사로 돌아간 수험생들의 마음이 오죽했겠습니까? 단순 소지로 확실하게 판명이 난 수험생은 구제하자는 의견이 많이 있었으나, 한번 정해진 결정은 뒤엎을 수가 없었습니다. 한 켠에서는 휴대폰을 분신처럼 여기는 청소년 문화를 이해하지 못한 잘못된 행정이었다는 비판도 흘러나왔습니다. 그때 일이 어찌나 파장이 컸던지, 이제는 휴대폰을 수능 고사장으로 가져가면 안 된다는 것이 잘 인식되어 있긴 합니다.

지금까지 여러 이야기를 했지만, 결론은 대한민국의 고등학교는 학생들을 행복하게 해주지 못한다는 것입니다. 많은 선생님들이 공부를 해서 대학에 가야 행복해질 수 있다고 하지만, 그것은 경쟁에서 남을 이겼을 때의 일입니다. 대학의 정원이 정해져 있는 이상 누가 대학에 들어가면 다른 누군가는 떨어져야 합니다. 우리가 지금 치열하게 전개하고 있는 입시 전쟁은 행복의 총합이 0이 되는 제로섬 게임*입니다.

얼마 전에 제가 근무하는 학교에서는 한 시간으로 주어진 점심 시간을 10분 단축하여 학생들의 야자 시간을 늘리자는 의견이 나왔었습니다. 저와 몇몇 선생님들은 결사적으로 반대하였습니다. 학생들의 점심 시간 10분을 빼앗아 얻을 수 있는 학력 향상의 효과는 극

---
* 제로섬 게임zero-sum game 게임의 참가자가 각각 어떤 행동을 하든지 참가자의 이득과 손실의 총합이 제로가 되는 게임을 말한다. 제로섬 게임은 정치권이나 주식 시장의 상황을 설명할 때 종종 사용되는 단어다. 그렇다면 우리나라 학교는 정치나 경제 논리에 의해 움직인다는 뜻?

히 불확실하지만, 이로 인해서 줄어들 행복감은 확실해 보였기 때문입니다. 결국 여러 가지 사정으로 10분 단축안은 철회되었지만, 학생들의 행복을 중요시하지 않는 행정적인 태도는 시도 자체만으로도 문제였다고 봅니다.

저는 행복이란 우리 모두가 잘될 수 있는 플러스섬 게임이어야 한다고 생각합니다. 등교 시간을 조금만 늦춘다면 아침의 행복을 느낄 수 있고, 여유 있게 보장하는 한 시간의 점심 시간에 학생들은 참 행복해할 것입니다. 그리고 이렇게 늘어난 행복은 누구의 행복을 빼앗아 누리는 것이 아니라 다함께 누리는 행복입니다. 저 역시 학생들에게 입시 공부를 열심히 하라고 가르치고 있습니다. 그러나 공부는 행복해지기 위해 하는 것임을 분명히 가르쳐 주려고 합니다. 수단이 목적을 대치해서는 안 됩니다. 저는 오늘도 학생들과 주변의 선생님들께 이야기합니다.

"우리 모두가 행복해지기를 두려워하지 맙시다."

어디부터 어디까지가 행복일까?

"(행복추구권은)우리 헌법규정 중에서 체계적으로 가장 문제가 있는 규정이다. 너무나 당연한 사항을 규정함으로써 오히려 불필요한 의문만을 생기게 하기 때문이다."
— 헌법학자 허영 교수(명지대 법학)의 행복추구권에 관한 언급 중에서

행복추구권은 우리나라 헌법 조항 중에 가장 논란이 되는 조항이다. 행복이라는 감정이 상당히 주관적이고 세속적인 가치라서 헌법 조항으로는 어울리지 않는다는 견해도 있다. 물질적인 충족을 행복으로 여기는 사람도 있고, 정신적 만족을 행복의 척도로 두는 사람도 있기 때문이다. 그러므로 객관적인 법 조항으로 삼기에는 항상 어려움이 따른다. 참고로 행복추구권의 도입은 오른쪽 표와 같은 순서로 이루어졌다.

우리 헌법재판소에서는 행복추구권에 '일반적 행동자유권'과 '개성의 자유로운 발현권' 등이 함축된 것으로 보고 있다. 이러한 해석에 비추어볼 때, 학교의 강제적인 야간자율학습과 두발 단속이 헌법재판소 판결까지 가게 된다면 어떤 결론에 도달할까?

'행복추구권'의 도입 역사

광주민주화운동이 일어난 해, 국민의 행복이 무참히 짓밟힌 시기에 행복추구권이 도입된 것은 아이러니하다. 이를 두고 한 헌법학자는 "인기만을 의식한 개헌시안들의 무책임성과 무지의 일면을 드러낸 좋은 일례"라고 비판하기도 했다.

1776년
미국 독립선언서

1946년
일본 헌법에
행복추구권 도입

1980년 대한민국
제8차 헌법 개정에
행복추구권 도입

1987년 대한민국 제9차 헌법 개정에 그대로 존속
6·29민주화선언을 계기로 대통령 직선제를 도입한 해이기도 함.

행복추구권의 역사적 연원이기도 하다. 미국 독립선언서는 미국 민주주의의 시작으로 볼 수 있다. 이 선언에는 다음과 같이 국민에게 행복추구권이 있음을 밝히고 있다.

We hold these truths to be self-evident. That all men are created equal: that they are endowed by their Creator with certain unalienable rights : that among these are life, liberty, and the pursuit of happiness.

우리들은 다음과 같은 사실들을 자명한 진리라고 생각한다. 모든 사람은 평등하게 태어났으며, 조물주는 몇 개의 양도할 수 없는 권리를 부여했으며, 그 권리 중에는 생명, 자유, 그리고 행복의 추구가 있다.

－ Declaration of Independence : July 4, 1776
미국 독립선언서 중에서 발췌

2장 당신은 언제부터 '사람'이었습니까?

천부인권
인간이 태어날 때부터 자연적으로 가지는 천부天賦의 권리

권리를 갖게 되는 최초의 순간은?

앞 장에서 행복해지기를 두려워하지 말자고 말하긴 했습니다만, 행복을 피하고 싶은 사람이 어디 있겠습니까? 문제는 진짜 행복이 무엇인지, 행복해지기 위해 무엇을 해야 하는지 우리가 잘 모르는 데 있지 않나 싶습니다. 이에 대한 답의 상당 부분은 여러분 스스로 찾아내야 하겠지만, 어떤 부분은 제가 사회교사로서 도움을 드릴 수 있지 않을까 생각합니다. 행복해지기 위해, 인간답게 살기 위해 알아야 하는 권리들을 알게 되면, 우리가 행복을 위해 더 적극적으로 노력할 수 있지 않을까요? 그래서 지금부터는 여러분들이 살아가면서 부딪히는 권리 문제에 대해, 삶의 단계별로 말씀드리려고 합니다.

'사람이 행사하는 권리'에 대하여 가르칠 때 저는 학생들을 골탕

먹이는 질문으로 시작합니다. 선생先生의 특권이라면, 뜻 그대로 먼저 태어나서 먼저 알았기 때문에 학생들을 손바닥 위에 올려놓고 놀려 먹을 수 있다는 것입니다. 가끔은 이 재미가 아주 쏠쏠합니다.

"언제부터 사람일까?"

이 질문은 아이들이 평소에 생각지 않았던 문제라 별의별 '학설'이 다 나옵니다. 의외로 많이 나오는 얘기가 '3개월설'입니다. 임신한 지 3개월이 지난 산모의 태아는 사람이고, 3개월이 안 된 태아는 사람이 아니라는 것입니다. 벌써 몇 년째 겪는 일이라, 저는 이런 학생들이 자신이 가진 논리의 바다에서 헤매게 하는 방법을 터득하고 있습니다. 일단은 "임신 3개월이라는 시간을 정확히 잴 수 있을까?"라는 가벼운(?) 질문부터 던집니다. 그러면 학생들은 의사가 임신 개월 수를 알려 주니 의학적으로 쉽게 확인할 수 있다는 논리를 폅니다. 이런 답변을 하는 학생들에게 저는 속으로 참 고마워합니다. 선생을 논리로 이겨 보려 하지만, 곧 스스로 자신의 논리에 빠져 허우적댈 것이 보이니까요. 참 재미없는 경우는 전혀 전투 의지를 보이지 않고, '난 잘 모르겠으니 빨리 결론을 내고 설명하라'는 식의 학생입니다. 경기는 안 보고 나중에 스포츠 뉴스에서 결과만 보겠다고 하는 꼴이니 재미가 있을 턱이 없습니다.

3개월설이 나오면 저는 의사들이 임신 개월 수를 추정하는 방법을 이야기해 줍니다. 임신 개월 수는 임산부가 알고 있는 생리 주기에 따라 의사가 추정합니다. 따라서 며칠 정도의 오차는 쉽게 날 수밖에 없습니다. 이 사실만으로도 3개월설을 주장한 학생들은 흔들리기 시작합니다. 더 나아가 3개월이라는 수치 역시 우리가 일반적으로 쓰는 달月이 아니라 4주週를 1개월 단위로 계산한다는 것, 수정 이전에 난자 생성기까지 임신 개월 수에 포함된다는 사실까지 덧붙이면 학생들은 자신의 주장을 철회하기에 이릅니다. 3개월이란 수치가 정확하지 않다면, 이 수치를 근거로 사람인지 아닌지를 따지는 것이 무의미해진다는 사실을 스스로 깨닫게 되는 것입니다.

조금 전까지만 해도 자신있게 이야기하던 학생들에게 '소크라테스식 대화법'*을 통해 무지를 깨닫게 하고 난 후, 다시 "도대체 언제부터 사람이냐?"고 묻습니다. 이른바 3개월설이 무너지고 나면, "태어났을 때"라고 말하는 학생들이 많아집니다. 여기서 학생들에게 또 짓궂은 질문을 던집니다.

"그럼 언제가 태어났을 때일까? 산모가 진통하고 있을 때? 머리가 보이기 시작할 때? 아니면 몸 전체가 산모로부터 빠져나왔을 때?"

일반적으로 가장 많은 학생들이 택하는 답은 '몸 전체가 빠져나왔을 때'입니다. 아이들이 '이 정도면 빈틈이 없겠지'라고 생각함직한 찰나에 저는 또 다른 질문을 던집니다.

"완전히 나왔을 때가 사람이면, 병원에서 아기를 낳기 위해 진통을 하고 있는 산모를 죽이면 두 사람을 죽인 걸까, 아니면 한 사람을 죽인 걸까?"

이러면 학생들은 또 머뭇거립니다. 자신이 가진 법 감정으로는

• • • •
● 소크라테스식 대화법 질문과 응답을 통해 개념을 규정해나가는 학습법. 본문에서 구사한 방법은 소크라테스식 대화법 중에서도 반어법에 속하는 것으로, 질문을 통해 상대자가 스스로 무지함을 깨닫게 만드는 방법이다. 이러한 대화법에서 중요한 것은 상대방의 질문에 대해서 솔직하고 간결하게, 논점을 흐리지 말고 대답하는 것이다.

두 사람을 죽인 것 같은데, 방금 "몸 전체가 빠져나왔을 때부터 사람"이라고 했으니 한 명을 죽인 것이라고 대답해야 논리적으로 맞으니까요. 보통 저는 이쯤에서 학생들 골탕 먹이기를 멈춥니다. 여기서 조금 더 나아가면 아무리 선생이 하는 질문이라도 짜증을 내는 학생들이 하나둘 나오기 때문입니다. 그래서 적당한 때를 골라 자세한 설명을 해 나가기 시작합니다.

'언제부터 사람이냐'는 질문에는 상당히 많은 학설이 있습니다. 그중에 '수정설', '착상설', '진통설', '일부노출설', '전부노출설', '독립호흡설'이 대표적입니다. 이름만 들어도 각각의 설들이 무엇을 이야기하는지 대충은 알 수 있을 것입니다.

수정설은 정자와 난자가 만나 수정란이 만들어졌을 때부터 사람이라고 보는 입장입니다. 이 견해에 따른다면 시험관에 들어 있는 수정란을 하수구에 버리는 행위도 살인죄로 처벌이 가능할 것입니다. 착상설은 수정란이 자궁 안에 자리를 잡았을 때부터 사람의 시작으로 봅니다. 이 설을 채택하면 수정란을 하수구에 버린다고 해서 살인죄가 되지는 않을 것입니다. 만약 수정설이나 착상설을 채택한다면 낙태는 살인죄가 되어 무거운 벌을 받게 될 것입니다. 그러나 우리 사회에서 낙태가 살인죄와 똑같이 취급되지는 않으니, 우리 법이 수정설이나 착상설을 채택하고 있지 않다는 것은 짐작이 되실 것입니다.

참고로 낙태는 범죄가 아니라고 생각하시는 분들이 많은데, 각자 가지고 있는 가치관의 옳고 그름을 떠나 법적으로만 말하자면 낙태는 범죄입니다. 위낙 낙태가 만연해 있고, TV나 영화에서 '원치 않는 임신을 했으니 낙태를 해야겠다'라고 심심찮게 말하는 터라 낙태가 합법이라고 오해하는 사람들도 많이 있습니다만, 형법 조항에 의거하여 범죄 행위인 것만은 분명합니다. 하지만 낙태로 인해 처벌 받는 사람이 거의 없을 정도로 사문화되어 있는 것이 현실입니다.

일부노출설은 말 그대로 태아의 일부가 노출되었을 때, 보통은 머리가 나오기 시작했을 때부터를 사람으로 보는 견해입니다. 전부노출설은 아기가 산모 몸 밖으로 완전히 나온 시점을 기준으로 합니다. 독립호흡설은 아기가 스스로의 폐로 호흡하고, 그 증거로 우렁차게 울기 시작할 때부터를 독립된 인격체로 봅니다.

언제부터 사람이냐가 중요한 이유는 사람으로서의 권리를 언제부터 주어야 하는지에 대한 기준이 이 문제를 전제로 정해져야 하기 때문입니다. 여기 임산부를 살해한 범인이 있다고 칩시다. 법적으로 말하자면 이 살인범에게 두 명을 죽인 죄를 물어야 하는지, 아니면 한 명을 죽인 죄를 물어야 하는지가 앞서 말씀드린 기준에 의해 달라집니다. 그러나 '인간의 시작'을 보는 기준은 상대적입니다. 그러므로 시대와 국가, 종교를 초월한 보편적 기준을 만들기는 어렵습니다.

법적인 차원에서 한정하여 말하자면, 우리 형법에서는 진통설을, 민법에서는 전부노출설을 채택하고 있습니다. 그래서 임산부를 죽였을 경우 피해자가 둘인지 하나인지 가르는 기준이 진통 전과 후로 구분이 됩니다. 민법의 전부노출설은 태아가 산모 몸 밖으로 완전히 나왔을 때부터 개인으로서 권리능력을 행사한다고 봅니다.

자, 이제 본격적으로 권리라는 말이 나오기 시작합니다.

권리능력이란 '권리와 의무의 주체가 될 수 있는 지위'를 말합니다. 모든 사람은 태어남과 동시에 권리와 의무라는 상반된 개념의 법적인 성질을 소유하게 됩니다. 역사적인 맥락에서 권리와 의무를 이야기하자면, 중세까지는 의무가 강조되었고 근대 이후에 권리가 강조되다가 오늘날에는 권리와 의무를 동일한 비중으로 강조하고 있다고 볼 수 있습니다. 중세시대는 신 중심의 사회로 개인의 권리보다는 신 앞에서 인간의 의무가 강조되었습니다. 그러던 것이 근대 이후에는 '개인'의 발견*과 더불어 개인의 권리가 강조되기 시작합니다. 서구의 근대 시민사회는 이러한 권리의식 아래 민주적인 질서가 발전된 형태입니다. 우리나라의 경우 개인의 권리의식이 발전되기 시작한 것은 한국의 시민혁명이라 평가받고 있는 1987년 6월 항쟁** 이후입니다. 각종 이익집단의 활동이 활발해지고, 동사무소나 파출소 등 공공기관에서 큰소리 치는 사람이 나타나게 된 것도 모두 6월 항쟁을 분기점으로 시작된 일입니다.

그러나 아직 권리의식이 그렇게 완벽하게 확립된 것은 아닙니다. 우리는 집단의 권리는 잘 인정하는 반면에 개인의 권리에 대해서는 꽤 인색한 편입니다. 남이 인정해 주는 것은 둘째 치고, 자신에게 어떠한 권리가 있는지도 모르고 살아가는 경우가 허다합니다. 저는 우

. . . .

* '개인'의 발견 근대의 시작을 개인의 발견 이후부터라고 이야기하는 사람도 있다. 그전까지는 개인이 존재할 수 있다는 것을 알지 못했다. 개인이 없으니 사생활의 자유도 없었다. 참 신기한 일이다. 현대인은 군중 속의 고독을 느낄 정도로 고립감에 휩싸여 사는데, 근대 이전까지 개인이라는 의식 자체가 없었다니 말이다. 인간이 사회적 동물이다 보니 개인을 발견하기까지 오랜 시간이 걸린 것이다.

** 6월 항쟁 1987년 박종철군 고문 치사 사건으로 촉발되어 전국적으로 20여 일 간 500여 만 명이 참가하였던 민주화 시위. 한국의 시민혁명이라 평가할 수 있는 역사적 사건이다. 이후 우리나라는 대통령 직선제 개헌을 통해 독재를 청산하고 본격적인 민주화의 길로 접어들게 되었다. 이 항쟁은 자유롭고 개방적인 시민사회를 형성하는 계기가 되었을 정도로 사회·문화적으로 끼친 영향이 크다.

리가 잘 모르고 사는, 그러나 이 세상을 살아가면서 놓쳐서는 안 되는 권리에 대하여 이야기할 작정입니다.

권리의 출발은 '사람'입니다

저는 학생들을 가르칠 때 질문을 많이 던지는 교사입니다. 처음 저에게 사회 과목을 배우는 학생들에게 민주주의의 근본정신이 무엇인가를 종종 물어봅니다. 이번에는 장난기를 쏙 빼고 진지하게 물어보지만, 역시 이 질문에도 정답을 바로 말하는 학생은 드뭅니다. 한국 사회 교육의 문제점을 여실히 드러내는 순간입니다. 학생들에게 민주주의의 소중함을 가르치고, 이념적으로 이 땅의 자유민주주의를 수호한다고 입버릇처럼 떠드는 사람이 많은데, 12년째 정규 교육과정을 거치고 있는 고3 학생들 중에 이 질문에 제대로 대답하는 학생을 찾기 어려운 것은 참 슬픈 일입니다.

어쨌든 가장 많이 나오는 대답은 '자유와 평등'입니다. 자유와 평등이라는 가치가 중요하기는 하지만, 이것이 민주주의의 근본정신은 아닙니다. 어쩌면 자유와 평등은 민주주의로 가는 수단적 가치라고 할 수 있습니다. 가장 어이 없을 때가 '다수결'이라는 대답이 나올 때입니다. 최후의 수단으로 행해지는 다수결을 민주주의 근본정신과 헷갈리게 되면 민주주의는 크게 후퇴할 수밖에 없습니다. 소수와 약자를 존중해 주는 것이 민주주의의 요체인데, 다수결이 민주주의 근본정신이라고 이야기한다는 것은 정말로 근본이 없는 대답이 됩니다. 마음이 답답해지지만, 그래도 바로 정답을 가르쳐 주진 않습니다. 대신 학생들이 쉽게 대답할 수 있는 다른 질문을 던집니다.

"고조선의 건국이념을 알고 있니?"

"홍익인간弘益人間이요."

오랜만에 쉬운 질문이 나왔다고 얼른 대답합니다. 역시 학생들은 근원적인 질문보다 단답형 질문을 참 좋아합니다. 다음으로 선생님은 기독교인이지만 동학사상을 참 좋아한다고 말하면서, '인내천人乃天'을 아는지 물어봅니다. 입시교육은 잘 받은 터라 교과서에 나오는 "사람이 곧 하늘이요"라는 대답이 바로 나옵니다. 이 정도 되면 힌트를 거의 다 준 셈입니다. 눈치가 빠른 학생들은 정답을 말하기 시작합니다.

민주주의의 근본정신은 '인간존중'입니다. 인간존중은 지금까지 인류가 살아오면서 가장 절대적인 가치에 근접한 명제이며, 민주주의는 이것에 기초하여 발전한 체제라고 할 수 있습니다. 민족애나 애국심 같은 것을 절대적인 가치로 인식하는 사람이 없지 않지만, 민족이나 국가가 절대적인 명제가 될 수 없다는 것은 분명합니다.

민법에 의하면 사람은 태어나면서 권리를 행사할 수 있는 권리능력을 가집니다. 물론 권리능력을 소유한다는 것이 모든 권리를 행사할 수 있다는 것을 의미하지는 않습니다. 갓 태어난 어린이가 바로 재산권을 행사할 수는 없는 노릇이니까 말입니다. 그러나 아무리 갓난아기라 해도 인간으로서 기본적인 권리를 가지고 있습니다. 이를 우리는 '천부인권天賦人權'이라고 합니다. 인간은 태어나면서 침해받을 수 없는 기본적인 인권을 가졌다는 뜻인데, 이것은 과학적이라기보다는 다분히 선언적인 의미입니다. 신이 존재하는지도 증명이 안 되는 판국에, 그 신(하늘)이 인권을 보장하고 있다는 것은 더더욱 증명이 불가능할 것입니다. 그래서 '자연권自然權'이라는 말을 쓰기도 합니다.

과학적인 증명이 되건 안 되건 간에 저는 왕권신수설王權神授說과 비교하여 천부인권이란 말을 참 좋아합니다. 같은 하느님인데, 어떤 단어 속에서는 왕의 권리만 보장해 주는 신이 되기도 하고, 어떤 단어 속에서는 모든 사람의 인권을 보장해 주기도 합니다. 여러분이라면 어떤 하느님을 선택하시겠습니까? 저는 당연히 후자를 선택하겠습니다. 제가 왕이 아닌 이상, 특권계급으로 태어난 것이 아닌 바에야 왕만 보호해 주는 하느님보다는 저의 인권을 보호해 주는 신을 좋아하는 것이 당연할 것입니다.

감수성, 어설픈 휴머니즘이라고 불러도 좋습니다

저에게는 사회적인 이슈에 대해 토론할 일이 생기면 상대방의 사회과학적인 인지 수준을 체크하는 버릇이 있습니다. 학생들을 가르치고 평가하면서 생긴 안 좋은 버릇이긴 한데, 직업병이라 그런지 잘 고쳐지지 않습니다. 사회과학적인 인지 수준을 체크하는 기준은 바로 천부인권에 대한 감수성입니다. 상대방이 국가나 민족, 종교 등을 이유로 천부인권을 무시하고 나오기 시작하면, '이 사람은 고등학교 사회 과목부터 다시 공부해야겠다'라는 생각을 속으로 많이 합니다. 천부인권이라는 거창한 개념이 아니더라도, 옳고 그름에 대한 모든 생각은 사람에 대한 사랑에서 출발해야 한다고 보기 때문입니다.

저는 이러한 생각을 학생들에게 '어설픈 휴머니즘'이라고 소개합니다. '어설픈'이라는 수식어를 쓴 것은 이런 생각이 그다지 독창적이지도 않고, 그렇다고 깊이 있는 철학적 사색을 해야 얻을 수 있는 결론도 아니기 때문입니다. 그냥 고등학교 사회 과목을 가르치면서 갖게 된 장삼이사의 결론일 뿐입니다. 그러나 안타까운 것은 이 간단한 명제를 무시하는 사람들이 생각보다 많다는 것입니다.

2007년에 개봉됐던 〈화려한 휴가(2007, 김지훈 감독)〉라는 영화를 보면서도 많은 생각을 했습니다. 1980년 광주에서 수많은 시민들이 계엄군의 총칼에 학살을 당했습니다. 영화에서도 나왔다시피, 최초의 희생자는 농아였습니다. 말을 못 하는 까닭에 변명도 못 하고 이유 없는 구타에 전신 타박상을 입고 죽어갔습니다. 법적으로 농아는 범죄를 저질러도 처벌이 경감됩니다. 언어 능력이 부족하므로 책임능력을 비장애인보다 경감해 주기 때문입니다. 1980년 광주는 이런 힘 없는 사람들이 가장 먼저 죽어간 곳이었다고 합니다.

그런데 저를 더 슬프게 하는 것은 이런 비극이 우리 땅에서 벌어졌다는 사실보다, 이러한 사실에 대해 무감각을 넘어서 오히려 희생자들을 욕하는 사람들을 심심치 않게 볼 수 있다는 점입니다. 이들은 지역적인 편견 혹은 국가 안보나 질서 유지라는 애매모호한 사유를 들어 시민학살을 정당화하는 논리를 폅니다. 게다가 어떤 사람들은 이 학살의 책임자를 기리기 위하여 그의 고향 땅에 기념공원까지 만든다고 합니다. 만약에 우리가 국가 안보라는 이름으로 이런 사람을 용서하고 기념한다면, 일본 총리가 야스쿠니 신사를 참배하는 것을 욕할 수 없는 일입니다.

이 정도면 제가 왜 '언제부터 사람인가'를 중요하게 따졌는지 알수 있을 것입니다. 사람은 마땅히 존중받아야 할 고귀한 존재이고,

태어남과 동시에 하느님으로부터 어느 누구에게도 침해받을 수 없는 인권을 보장받았습니다. 혹시 신을 믿지 않으신다면 자연적으로 부여받은 자연권의 개념으로 이해하셔도 됩니다. 우리가 앞으로 이야기할 문제들은 모두 이 전제로부터 출발합니다. 만약 이를 부인한다면 우리 사회의 근본부터 부정하는 일일 수 있습니다.

제가 권리에 관심을 갖게 된 것은 '어설픈 휴머니즘' 때문입니다. 많은 이야기를 한 것 같지만 기억해야 할 것은 분명합니다. 모든 인간은 마땅히 존중받아야 하는 존재이며, 하느님으로부터 불가침의 기본적 인권을 부여받았다는 것, 그리고 인간으로서의 출발과 함께 권리를 향유할 수 있는 권리능력을 법적으로 인정받았다는 사실 말입니다.

앞 장에서 우리는 행복추구권에 대해서 알았습니다. 그리고 이번 장에서 인간은 누구나 천부인권을 갖고 있음을 살펴보았습니다. 천부인권과 행복추구권에 대한 이해는 모든 권리 이해의 출발점이 됩니다. 이 출발점을 아는 것만으로도 권리를 향한 여정의 8부 능선을 넘었다고 할 수 있습니다. 다른 모든 권리들은 이 권리에서 파생되니까요. 이를 유념하고 권리를 이해해 간다면 한결 수월할 것입니다.

다시 한 번 강조하겠습니다.

나를 비롯한 모든 인간은 천부인권을 가지고 태어났으며, 행복을 추구하며 살아갈 권리가 있습니다.

대한민국, '사실상의' 사형폐지 국가가 되다

미국의 독립선언문은 신으로부터 부여받은 권리로 생명, 자유, 행복의 추구를 열거하고 있다. 그중 생명권은 천부인권의 대표적인 사례로 인간의 권리 중에서도 가장 앞자리를 차지하고 있다. 생명의 유지는 모든 생명체가 가지는 제1의 조건이며, 모든 권리는 생명이 전제되지 않고서는 향유될 수 없기 때문이다. 그런 맥락에서 천부인권의 문제로 자주 거론되는 것이 바로 사형제 존폐 논란이다.

이러한 찬반논란 속에서도 우리나라에서는 사형제가 유지되고 있었다. 그러다 지난 2007년 12월 30일을 기하여 우리나라는 국제사면위원회Amnesty International*가 인정하는 '사실상의 사형제 폐지 국가'가 되었다. 국제사면위원회는 10년간 사형 집행이 이루어지지 않

사형제 폐지를 주장하는 논거

1. 생명권은 천부인권의 하나로, 신(자연)이 준 생명을 국가가 앗아갈 수 없다.
2. 사형제의 범죄 억제 효과는 미미한 반면에 범죄자의 교화를 근본적으로 불가능하게 만든다.
3. 언제나 오판의 가능성이 있다. 생명을 박탈하면 오판은 회복이 불가능하다.
4. 정치적인 악용 가능성이 있다. 실제로 이승만 전대통령의 정적이었던 조봉암 당시 진보당 당수가 정치적인 이유로 사형 언도를 받고 형장의 이슬로 사라진 예가 있다.

사형제를 지지하는 논거

1. 사형제는 흉악범들에게 심리적인 압박이 되어 범죄를 억제하는 효과를 가져올 수 있다.
2. 오판과 정치적 악용의 가능성은 제도의 보완을 통해 충분히 제어할 수 있다.
3. 극악의 인물을 사회에 방치하는 것은 대단히 위험하다. 그런 범죄자를 완전히 격리하지 않으면 사회의 안전이 위협받는다.
4. 국민의 법 감정은 사형제의 존속을 바라고 있다.

● 모든 범죄에 대한 사형폐지 국가   ● 일반 범죄에 대해 사형을 유지하고 있는 국가

은 국가에 대해, 자체 기준으로 그 국가가 실질적인 사형폐지 국가가 되었다고 분류한다. 우리나라는 김영삼 대통령 시절인 1997년 12월 30일에 사형수 23명에 대한 사형이 집행된 이래로 지난 10년 동안 단 한 건의 사형 집행도 이루어지지 않았다.

2007년 1월 1일에 마지막 업데이트된 국제사면위원회 홈페이지 자료에 따르면, 모든 범죄에 대한 사형을 폐지한 국가는 88개 나라다. 벨기에, 오스트리아, 오스트레일리아, 캐나다, 프랑스, 아일랜드, 독일, 캄보디아, 네팔, 네덜란드, 스웨덴, 스위스, 터키 등이 그에 속한다. 같은 자료에 따르면, 일반 범죄에 대해 사형을 유지하고 있는 국가는 미국, 아프가니스탄, 인도, 파키스탄, 싱가포르, 태국, 베트남 등 69개 나라다.

●●●
● 국제사면위원회(Amnesty International) 1961년 영국의 피터 베넨슨 변호사가 시작한 인권운동 단체이다. 독재정권의 지배를 받던 포르투갈의 청년이 술자리에서 한 말 때문에 투옥되었다는 이야기를 듣고 인권운동실천을 위해 결성했다고 한다. 대한민국을 포함한 150여 개 나라에 80여 지부와 110개 이상의 지역사무실을 두고 있으며, 고문추방운동, 사형폐지운동, 난민보호활동 등을 하고 있다. (출처 : 한글판위키피디아 http://ko.wikipedia.org)

3장
우울한 미래, 불편한 진실, 그러나 소중한 모성

> **모성권**
> 여성이 어머니의 역할을 수행하기 위해 건강유지를 위한 범위에서 특별한 배려를 받을 권리.

슈퍼우먼이 사랑받는 사회

앞 장에서 사람의 시작이 언제부터인지에 대해 이야기했습니다. 그런데 사람이 어디 그냥 생기던가요. 누구나 열 달이라는 임신 기간과 출산, 그리고 육아라는 과정을 거쳐서 만들어지게 됩니다. 물론 법적으로는 전부노출 이후를 사람으로 보고 있지만, 한 인격체를 완성해 가는 과정에서는 출산뿐 아니라 육아도 빼놓을 수 없다는 점에 모두 동의하실 것입니다. 그래서 이번 장에서는 임신과 출산, 육아에 관계되는 '모성권'에 관련된 이야기를 하려고 합니다.

90년대 후반에 〈사랑의 스튜디오〉라는 TV 맞선 프로그램이 있었습니다. 그러나 내용을 보면 '짝짓기'라는 말이 더 잘 어울릴 것 같습니다. 여러 명의 청춘남녀가 출연해서 탐색전을 벌이고 나면, 서로 호감을 갖고 있는 사람끼리 연결해 주는 방식이었습니다. 이런 프로그램은 세월이 흐를 때마다 약간씩 구성을 달리하면서 계속되어 왔습니다. 가장 최근 프로그램은 방송인 박경림 씨가 출연자와 결혼해 화제가 되었던 〈좋은 사람 소개시켜 줘〉라는 프로그램으로 기억합니다. 기억을 더듬어 보면 80년대에도 이런 짝짓기 프로그램이 있었던 것 같습니다. 오래전 프로그램이라 이름은 기억나지 않지만, 결혼 적령기의 청춘남녀를 출연시켜서 마음 맞는 짝을 연결해 주는 방식은 〈사랑의 스튜디오〉와 동일했습니다.

그런데 요즘의 짝짓기 프로그램을 보면 과거와 큰 차이점이 두 가지 정도 눈에 들어옵니다. 첫 번째는 짝을 정하는 방식입니다. 과거에는 출연자가 마음에 드는 이성을 선택하게 한 후에 서로 마음이 일치한 경우만 커플로 공개했습니다. 그러나 〈사랑의 스튜디오〉에서는 모든 출연자의 화살표를 공개하는 방식을 택하였습니다. 남성 A가 여성 B를 선택하면 TV 화면에 남성 A로부터 화살표가 따라가 여성 B에게 꽂히는 모습이 보이고, 곧바로 B라는 여성이 선택한 남성에게 화살표가 가는 방식이었습니다. 후문에 의하면 프로그램 진행 중에 큐피드의 화살표를 받기 위한 고도의 심리전이 뜨거웠다고 합니다. 어떤 여성은 모든 출연 남성에게 은밀한 눈길을 보내, 화살표를 독차지하는 행복을 만끽했다고도 합니다. 출연자들이 호감만으로 화살표를 날리는 것이 아니고, 화살표를 되받을 수 있겠다 싶은 상대에게 표를 주는 심리를 잘 이용한 모양입니다. 저 같이 사랑고백 한 번 못 하고 첫사랑 상대를 떠나보낸 남자는, 그런 프로그램에는 죽었다 깨도 나가지 못할 것입니다.

두 번째 차이점은 여성 출연자들의 직업입니다. 〈사랑의 스튜디오〉에 나오는 여성들의 경우 직업이 대부분 화려했습니다. 전문직 여성도 꽤 되었고, 최소 대기업 사원이었습니다. 아마 공중파 방송이라 시청률이 중요하다 보니 출연자들의 매력적인 이력이 필요했겠지요. 그러나 과거 짝짓기 프로그램에서는 여성 출연자들의 직업을 그다지 중요하게 여기지 않았던 것 같습니다. 집에서 신부 수업 중이라고 소개하는 여성 출연자들도 드물지 않았으니까요. 하지만 만약 〈사랑의 스튜디오〉에서 어떤 여성 출연자가 "집에서 신부 수업 중"이라고 자신을 소개했다면, "백수가 창피한 줄도 모르고 나왔다"라고 손가락질이나 안 당하면 다행일 것입니다.

같은 형식의 프로그램에서 나타나는 이 같은 변화는 그동안의 사회 변화상과 무관하지 않습니다. 우선 여성들이 호감 가는 남성을 공개할 수 있을 정도로 적극적이 되었다는 점, 그리고 여성에게 기대하는 사회적 역할이 확대되었다는 점을 느낄 수 있습니다. 이제 여성에게 현모양처의 역할만 요구하는 시대는 갔습니다. 이왕이면 돈 잘 버는 커리어 우먼을 선호하는 시대가 된 것입니다. 제가 어렸을 때 보았던 드라마에는 결혼한 여성이 직장을 계속 다니겠다며 남편을 비롯한 시댁 식구들과 갈등을 빚는 내용들이 많았습니다. 그러나 요즘 같은 때에는 그런 내용의 드라마가 전혀 사람들의 공감을 얻지 못할 것입니다. 저만 해도 솔직히 말하자면, 여자가 나가서 돈 벌어와 주겠다는데 그걸 굳이 싫다고 할 이유가 없습니다. 가사 분담이 부담스러워질 수도 있지만, 어쨌든 집안의 경제 상황이 나아진다면 마다하지는 않을 것입니다.

얼마 전에 방영되었던 〈신현모양처〉라는 드라마는 이런 시대상을 잘 반영하고 있습니다. 제목 앞에 '신新'자가 들어간 데서 알 수 있듯이, 오늘날의 현모양처는 과거의 자애로운 어머니나 살림 잘하는 주부를 뜻하지 않습니다. 재테크도 잘하고 직장에서도 능력을 발휘해야 좋은 신부감이라는 소리를 듣는 시대가 되었습니다.

이러한 여성상의 변화는 직장 여성의 임신과 출산, 보육이라는 문제를 야기하기 시작했습니다. 직장 여성의 모성권 보호 문제가 뜨거운 사회 문제가 되었다는 뜻입니다. 기본적으로 육아를 부부의 공동책임이라고 하지만, 임신과 출산, 수유 등의 문제로 볼 때 여성의 역할이 큰 것은 부인할 수 없는 사실입니다. 전통적인 여성의 역할은 거의 고스란히 남아 있는 상태에서 직장 여성이라는 새로운 역할마저 떠안게 된 것입니다.

통계청의 발표에 의하면 여성 한 명이 평생 동안 낳는 평균 자녀 수를 뜻하는 '합계출산율'이 2006년에 1.12명이었다고 합니다. 2005년의 1.08명보다는 좀 올라갔지만, 부부가 한 자녀만 두는 추세라고 보면 무리가 없습니다. 인구학자들에 의하면 한 나라의 인구 수준을 유지하기 위해서는 합계출산율이 최소한 2.1명은 되어야 한다고 합니다. 우리나라 출산율이 이런 추세로 지속된다면, 앞으로 인구가 급격히 줄어들고 노인 인구가 많아질 수밖에 없습니다. 지금은 어린이가 적은 구조이지만, 이 어린이가 자라서 청장년층이 될 때쯤엔 노동 인력이 부족해지는 겁니다. 이런 상태에서 연금으로 생활하는 노년층이 증가하면, 그 사회가 어떻게 될 것인가는 불을 보듯 뻔합니다.

위험을 알리는 몇 가지 신호들

여성들의 출산 기피 풍조를 두고 사회운동가들은 '출산 파업'이라는 표현을 쓰기도 합니다. 출산을 일종의 사회적 노동으로 보고, 여성 노동자들이 파업을 하고 있다고 표현한 것입니다. 출산율 저하를 무엇으로 표현하든, 이것이 사람들의 생각보다 훨씬 더 심각하고, 핵폭탄만큼 위협적이라는 것만은 틀림없습니다. 영국의 인구학자 폴 월리스Paul Wallice는 이를 지진earthquake에 빗대어 고령화 파동agequake*이라는 용어로 설명하고 있습니다. 인구 고령화 문제가 사회의 근본을 뿌리부터 흔들 것이라는 경고를 보내고 있는 것입니다. 그러나 출산율 저하 문제의 해결책은 아주 간단(?)합니다. 여성들이 마음 놓고 아기를 낳을 수 있는 환경을 조성하면 됩니다. 걱정 없이 임신과 출산, 육아를 할 수 있는 환경만 주어진다면 출산율은 저절로 올라가게 될 것입니다. 이를 권리 차원에서 말하면 직장 여성들의 '모성권 보장'이라고 합니다. 그런데 출산율 저하에 대해 여러 전문가들과 신문, TV까지 합세하여 경고하고 있음에도 불구하고, 아직도 정신 못 차리는 경우를 많이 봅니다.

저는 교사라 모성 보호가 비교적 잘되는 직업군에 속해 있습니다. 그러나 남성인 제가 보기에도 이 정도를 두고 모성 보호가 잘된

- - -

*고령화 파동agequake 고령화 사회를 예측하는 시선은 다양하지만, 대부분 비관적이다. 현재의 청년들이 노령 인구를 부양해야 한다는 점은 '빚을 안고 태어났다'라고 표현될 정도다. 여기에 노동력의 부족, 국민연금의 고갈 등 엄청난 괴물이 청년들을 기다리고 있다. 그러나 폴 월리스는 고령화로 인한 상황 변화를 제대로 읽고 대처한다면 이러한 위기를 기회로 바꿀 수 있음을 강조한다. 가령 침체된 시장에 고령화 마케팅으로 활기를 불어 넣을 수 있다. '황혼 결혼 상품'이라든가, '10년 전 목소리를 되찾게 해주는 음성 변환 기술' 같은. 과연 우리는 어떻게 준비해야 '오래 산다는 것의 축복'을 맛볼 수 있을까?

다고 할 지경이면, 다른 직장은 얼마나 암담한 실정일지 짐작이 되고도 남습니다.

저는 기본적으로 임신과 출산, 육아 문제를 남성과 여성이 함께 짊어져야 할 문제라고 보고 있습니다. 이러한 전제에서 출발하지 않으면, 아무리 좋은 제도적 조건들을 마련해도 여성에게 근본적인 부담을 지우게 될 것이고, 그러면 출산율은 절대로 늘어나지 않을 것입니다. 만약 제가 이렇게 말만 잘하고 삶 속에서 실천하지 않으면, 저는 위선자일 뿐이겠지요. 그래서 아내가 임신했을 때 이런 생각을 적극적으로 실천하자고 마음먹었습니다. 그러나 현실은 그렇게 녹록하지 않았습니다.

일단 임신 후에 한 달에 한 번 정도 가는 병원 검진이 문제였습니다. 아내는 하체가 약한 탓인지 하혈을 많이 해서 임신 초기부터 유산기를 보였습니다. 극도로 조심해야 하는 시기에 대중교통으로 혼자 병원에 보내는 것이 마음에 걸려, 자가용으로 병원까지 태워다 주었습니다. 문제는 그때마다 휴가를 내는 일이었습니다. 공무원이 1년에 사용할 수 있는 연가 일수는 20일이 조금 넘습니다. 법으로 허용된 범위 내에서 연가를 내는 것은 당연한 권리임에도 결재를 하시는 교장, 교감 선생님은 눈치를 줍니다. 그리고 주위의 나이 드신 어른들도 한두 마디씩 합니다. 요즘 세상 좋아져서 남자들이 휴가 내고 일일이 병원까지 따라다닌다고 말입니다. 저야 공무원이라 그냥 넘길 수 있지만, 일반 직장에서 이런 눈치를 받는다면 아내의 임신을 이유로 쉽사리 연가를 쓰지는 못할 것입니다.

어떤 직장에서는 임신을 한 직장 여성은 생리 휴가를 못 쓰게 한다고 합니다. 임신을 했으니 생리를 안 할 것이고, 그러므로 당연히 생리 휴가는 없다는 논리입니다. 이런 단순한 논리로 살아가는 사람들은 세상 골치 아플 것 없이 편하겠다 싶습니다. 임신한 여성이 그렇지 않은 여성보다 휴가가 더 많이 필요한 것은 불문가지의 일입니다. 그러면 생리 휴가 대신 다른 연가를 쓰면 되지 않느냐고 하실 분도 있을 것입니다. 하지만 그렇게 되면 임신하지 않은 여성은 유급 휴가인 생리 휴가를 쓰고 임신한 여성은 무급 휴가인 연가를 쓰는 셈이 됩니다. 결과적으로 임신을 이유로 차별을 받는 것입니다. 요즘에는 노조가 단체협약을 맺음으로써 임신한 여성이 생리 휴가 대신 유급 검진 휴가를 쓸 수 있도록 명문화한 곳도 많다고 합니다. 이런 행운의 직장을 다니지 않는 여성은 꼼짝없이 불이익을 감수할 수밖에 없는 것이 현실입니다.

출산 휴가 역시 바뀌어야 할 점이 많습니다. 여성이 받는 출산 휴가 말고, 남성이 받는 출산 휴가 말입니다. 출산한 여성의 배우자에게는 법적으로 5일의 휴가가 보장되어 있습니다. 저는 미리 사용할 수 있는 휴가 일수를 알아두고 아내의 출산을 기다렸습니다. 드디어 아내의 출산일, 새벽에 진통이 오는 것 같다는 아내를 급하게 자가용에 태워 병원으로 향했습니다. 자연분만으로 순산하기를 원했지만, 세상일은 꼭 원하는 대로 되지 않았습니다. 출산 전에 나오는 분비물을 받아내면서 출산을 기다리고 있었는데, 분비물의 색깔을 본 간호사의 표정이 이상해졌습니다. 간호사가 급히 불러온 레지던트가 말하기를 태아의 상황이 안 좋은 것 같으니 빨리 수술로 태아를 꺼내야 한다는 것이었습니다. 도대체 무슨 일이냐고 물어도 의사는 수술을 해봐야 알겠다는 말만 되풀이하고, 저는 그만 눈앞이 캄캄해졌습니다. 최악의 상황을 상정한 수술 경고를 다 듣고 동의서에 날인까지 하고 나니 다리가 후들후들 떨렸지만, 눈물을 억지로 삼키며 수술실로 들어가는 아내에게 괜찮을 것이라고 위로했습니다. 생명의 탄생이 쉽지 않음을, 저는 그때 절실히 깨달았습니다. 수술을 마치고 다행히 산모와 아기가 모두 건강하다는 이야기를 듣고서야 겨우 안심을 할 수 있었습니다. 소식을 듣고 달려오신 부모님과 처가 식구들에게 병원 일을 부탁하고, 저는 휴가 처리를 위하여 학교로 향했습니다. 학교에 가서 교감 선생님께 한번 확인하는 식으로 사용 가능한 휴가 일수를 물었습니다. 그런데 돌아오는 대답이 참 묘했습니다.

"법적으로는 3일인데, 보통 하루나 이틀 정도 쓰더라고…."

말끝을 흐리는 것이 뭐 3일을 다 쓸 것 있냐는 투였습니다. 아마 저의 투철한(?) 권리의식이 없었다면, 그 말을 듣고 휴가 일수란에 3일을 당당하게 쓰지는 못했을 것입니다. 더 당혹스러웠던 것은 같은 위치에 있는 연세 드신 평교사들의 반응이었습니다. 듣자 하니 그분들 사이에서 남자가 출산 휴가 3일을 다 쓸 필요가 있냐는 뒷얘기가 있었다는 것입니다. 아마도 남성과는 분리되어 있었던 과거의 출산 문화로 볼 때, 저의 행동이 잘 이해되지 않았던 모양입니다. 그러나 요즘의 출산은 과거처럼 남자를 편하게 놔두는 문화가 아닙니다. 임신 기간 중에 병원에 같이 가고 태교를 함께하는 것은 기본이고, 온전한 여성의 몫이라고 여겨지던 출산도 남성이 함께하면서 고통을 분담하게 되어 있습니다. 산후조리 역시 친정어머니가 해주시는 것보다 남편이 해주는 것을 좋아하는 경우도 많습니다. 특히 제왕절개*로 출산한 경우에는 수술 시에 다 처리되지 않은 분비물이 계속 나오기 때문에 입원해 있는 동안 패드를 갈아 줘야 합니다. 물론 저는 이 일을 3일의 휴가 기간 동안 직접 했습니다.

어쨌거나 출산이라는 산을 하나 넘었는데, 더 문제가 되는 것은 산후조리였습니다. 당시 제가 고3 담임이었던 탓에 아침 8시 출근에 밤 10시 퇴근이 반복되고 있었습니다. 아내가 연세 많으신 시어머니의 뒷바라지는 부담스러워하고, 장모님도 허리 수술을 받으신 지 얼마 되지 않아 부탁드릴 수도 없었습니다. 할 수 없이 산후도우미를 불렀습니다. 교사가 안정된 직업이라고 하지만, 병원비에 산후도우미까지 쓰려니 한 달 월급은 훌쩍 날아갔습니다. 그래도 중산층은 된다고 자부하는 저였는데, 아기 하나 낳고서 너무 허덕였습니다. 자식 태어난 재미에 돈 아까운 줄은 몰랐지만, 부담이 되지 않았다고 하면 거짓말일 것입니다.

다음으로 넘어야 할 산은 육아 문제였습니다. 아내는 3개월 정도의 출산 휴가를 마치고 직장에 복귀할 준비를 하였습니다. 아기를 가진 어느 집에나 있는 문제가 저희에게도 어김없이 나타나는 순간이었습니다. 다행히 프리랜서 형식으로 일하는 아내는 목요일과 토

* * *

* 제왕절개 인공적으로 성숙한 태아를 꺼내는 수술. 이 수술을 제왕절개라고 부르는 이유에 대해서는 두 가지 설이 있다. 첫 번째는 로마의 황제였던 줄리어스 시저Julius Caesar가 최초로 모체의 배를 가르고 태어난 이후부터 제왕절개라고 부르게 되었다는 것. 또 하나는 라틴어로 제왕절개 술을 'secitio caesarea'라고 하는데, 절개라는 뜻을 가진 caesarea라는 단어를 시저로 오역하여 붙여졌다는 설이다. 어느 쪽이 사실이든, 로마의 황제 줄리어스 시저와 관련된 단어임에는 틀림이 없는 듯.

요일에만 근무를 하였습니다. 토요일은 휴무나 조기 퇴근을 통해 제가 아이를 돌볼 수 있었는데, 목요일이 문제였습니다. 5남매를 키우느라 보육이라면 넌덜머리가 난 저의 어머니는 애는 봐줄 수 없다고 일찌감치 못을 박으셨고, 결국 충청도에 사시는 장모님이 일주일에 한 번씩 올라오셔서 아기를 봐주셨습니다. 그러나 가끔 장모님이 몸이 불편하시다든가 일이 생기면 애를 맡길 곳이 없어서 발을 동동거린 적도 많았습니다.

　물론 저는 아주 행복한 경우에 속하는 편이었습니다. 도우미 쓸 형편도 안 되고, 갓난아기를 두고 매일 출근해야 하는 직장 여성이 부지기수이니 말입니다. 이러한 문제를 국가나 사회가 전혀 해결해 주지 못하고 있는 것이 현실입니다. 더욱 안타까운 것은 제도적으로 보장되어 있는 최소한의 모성권마저 의식과 문화의 후진성으로 인하여 훼손되고 있다는 사실입니다.

　전교조 경기지부와 경기도교육청의 경우에는 단체협약을 맺어 생후 1년 미만의 신생아가 있는 여교사는 1시간 일찍 퇴근하도록 하고 있습니다. 그렇지만 제가 근무하는 학교에서는 한 번도 이러한 모성권을 보장해 주는 것을 본 일이 없습니다. 일단 신생아가 있는 여교사 스스로 눈치를 보느라 주장하지 않는 경우가 태반이고, 자기 권리를 찾겠다고 요구를 하는 여교사가 있어도 앞서와 같은 방식(법에 보장되어 있다고 다 챙겨먹으면 되겠냐는 식)으로 권리 주장을 못하게 합니다. 심지어 저는 어떤 관리자가 일찍 퇴근 시켜달라고 강하게 주장하는 여교사에게 "나는 절대로 그렇게 해줄 수 없다"라고 큰소리치는 것까지 봤습니다. 앞서도 언급했듯이 조기 퇴근은 단체협약에 의해 정해져 있고, 단체협약은 강제이행이라는 법적인 효력을 가지고 있습니다. 그런데도 막무가내로 안 된다고 하는 말에 그 여교사는 결국 권리를 포기하고 말았습니다.

모성권이란 남녀 간의 차이인 모성 기능을 수행함에 있어서 직장 여성이 자유롭게 수행 여부를 결정할 수 있고, 이로 인한 부당한 차별을 받지 아니하며, 모성 기능 수행으로 인한 부담을 여성만이 아닌 사회 전체가 책임짐으로써 완전한 재생산권을 보장받는 것을 말합니다. 여기서 말하는 재생산권이란 사회 성원의 재생산을 말합니다. 과거와 같이 임신과 출산, 육아를 사적인 영역으로 놔두어도 무리가 없었던 때는 모르겠지만, 이제 모성권은 사회의 존폐 여부를 결정할, 반드시 보장되어야만 하는 권리입니다.

모성권을 보호하기 위한 제도적 장치는 여러 가지가 있습니다. 임산부의 시간 외 근무나 야간 근무 제한, 3개월의 유급 출산 휴가 보장, 육아 휴직 보장, 출산으로 인한 해고의 금지 등 상식적인 선에서 알 수 있는 것들입니다. 그러나 문제는 제도가 아니라 제도를 무력화시키는 후진적인 의식과 문화입니다. 보통 이런 후진적인 의식과 문화를 합리화시키는 대표적인 용어가 '관행'입니다.

젊은이들의 총파업, 머지않은 이야기

인생에 있어서 가장 중요한 사건을 세 가지만 꼽자면 단연 탄생과 죽음, 그리고 결혼일 것입니다. 그래서 아기가 태어나고, 누가 죽거나 결혼하면 다른 사유에 비하여 휴가를 길게 가질 수 있습니다. 그런데 이중에서 탄생과 관련된 일에는 유독 휴가가 인색합니다. 직원이 결혼을 하거나 부모님이 돌아가시면 휴가를 잘 주던 직장도 자식 태어났다고 휴가를 쓰는 남자에게는 눈치를 주는 것입니다. 임신과 출산, 육아가 사회적 책무이고, 남성과 여성이 공히 나누어 가져야 할 책무라는 인식이 서 있지 않은 데 그 원인이 있는 것 같습니다.

저는 이러한 사태를 보면서 오스트레일리아 원주민들이 사용한다는 부메랑을 떠올립니다. 모성권을 인정하지 않는 문화가 부메랑이 되어 여성들의 출산 파업이라는 형태로 우리에게 피해를 끼치고 있습니다. 최근에 논의되고 있는 더 내고 덜 받는 식의 연금 개혁이 그 예입니다. 본래 연금 제도가 젊을 때의 소득을 일정 부분 떼서 정부가 적립해 두었다가, 노동 능력이 상실되는 노후에 연금의 형태로 지급해 주는 것입니다. 이는 마치 젊을 때 돈을 모았다가 늙어서 쓰게 되는 시스템인 것처럼 보이지만, 사실은 현재의 젊은 층이 연금 생활자들을 부양하고 있는 상황입니다. 오늘 저축한 돈을 오늘 다 쓰고 있는 셈이지요. 그래서 마찬가지로 지금의 젊은 세대가 늙으면 후손들이 내는 연금으로 생활해야 합니다. 통계조사에 의하면 2005년에는 생산 가능 인구 7.9명이 1명의 노인을 부양하였지만, 지금의 출산율 저하가 계속된다면 2050년에는 1.4명의 생산 인구가 1명의 노인을 부양해야 합니다. 그때가 되면 부담을 느낀 젊은 세대가 연금 납부를 거부하게 될지도 모릅니다.

출산율 저하에 대한 다른 해결 방법이 있긴 합니다. 우리가 추종했던 서구 선진국처럼 노동력을 외국 노동자로 충당하는 것입니다. 그렇지만 개인적 경험에 비춰봤을 때, 모성권 보호에 소극적일수록 외국인 노동자에 대하여 배타적일 확률이 높습니다. 많은 사람들이 행위의 결과를 예측하지 못하고, 이율배반적인 의식을 고집하며 그에 따른 행동을 하고 있는 셈입니다.

모성권을 가장 잘 이해해 줄 것 같은 경험 많은 여성들이 모성권 보장에 대하여 부정적인 경우도 의외로 많습니다. 며느리가 늙으면 시어머니가 된다는 말도 있고, 고참에게 많이 당한 신참이 가장 고약한 고참이 된다는 군대의 속설도 있긴 하지만, 연세 많으신 여성들이 모성권 보장에 대하여 반대할 때는 답답한 마음이 더 큽니다.

법에 보장된 권리를 무시하려고 할 때 '현실과 관행'이라는 이유로 합리화를 잘 합니다. 그러나 잘못된 관행이 우리의 현실을 어떻게 왜곡시키고 있는지를 명백히 깨닫는다면, 더 이상 관행이라는 이름으로 스스로에게 칼을 겨누는 우를 범하지는 않을 것입니다. 만약 모성권 보호에 대해 부정적인 생각을 가지고 계시다면, 고령화 파동 agequake을 생각하시기 바랍니다. 지진보다 무서운 고령화 파동에 대비하는 길은 모성권 보호에 앞장서는 것뿐입니다.

같은 출발선에서 달리게 하는 힘, 모성권 보호

"'평등'은 사실이 동등할 때에 이루어진다. 사실상의 차이가 있는데도 법의 세계에서 동등하게 취급한다면, 불평등을 강제하는 결과를 가져온다."

우리나라 헌법은 다음과 같이 여성을 위한 특별한 규정을 두고 있다.

> 헌법 제11조 1항 : 모든 국민은 법 앞에 평등하다. 누구든지 성별, 종교 또는 사회적 신분에 의하여 정치적, 경제적, 사회적, 문화적 생활의 모든 영역에 있어서 차별을 받지 아니한다.
> 헌법 제32조 4항 : 여자의 근로는 특별한 보호를 받으며, 고용, 임금 및 근로 조건에 있어서 부당한 차별을 받지 아니한다.
> 헌법 제34조 3항 : 국가는 여자의 복지와 권익의 향상을 위하여 노력해야 한다.
> 헌법 제36조 1항 : 혼인과 가족생활은 개인의 존엄과 양성의 평등을 기초로 성립되고 유지되어야 하며, 국가는 이를 보장한다.
> 헌법 제36조 2항 : 국가는 모성의 보호를 위하여 노력하여야 한다.

남녀 평등을 특별히 규정한 법률로는 '남녀고용평등법'과 '남녀차별 금지 및 구제에 관한 법률'이 있다. '남녀고용평등법'은 1987년 12월 4일에 제정되었고, 고용에 있어서 남녀의 평등한 기회와 대우, 그리고 직장에서의 모성 보호를 위한 조항들이 들어가 있다. 고용, 교육, 재화, 시설 등의 이용, 법의 집행에 있어 남녀차별을 금지하는 '남녀차별 금지 및 구제에 관한 법률'은 1999년에 공표되었다.

'남녀고용평등법'과 '남녀차별 금지 및 구제에 관한 법률'로 인해 달라진 몇 가지

❶ 2007년 6월, 노동부는 남녀고용평등법에 의거, 구인광고나 채용에 있어 남녀를 차별하거나 구체적으로 신체적 조건을 제시한 기업들을 집중 단속했다. 키와 몸무게, 용모 등 신체조건을 채용조건으로 내세우는 공고가 집중 점검 대상이었으며, 이를 위반한 경우 500만 원 이하의 벌금을 부과했다.

❷ 2007년 12월, 노동부는 남녀고용평등법에 위배되거나 불합리한 여성채용 관행을 개선하기 위해 표준이력서와 면접 가이드라인을 개발, 기업에 보급한다고 밝혔다.

❸ '남녀차별금지 및 구제에 관한 법률'로 인해 성희롱 행위의 처벌이 강화되었다. 성희롱 행위를 한 사업주에게 1천만 원 이하의 과태료를 부과하게 되었고, 모든 공공기관이 성희롱의 방지를 위해 연 1회 이상 성희롱 예방교육을 실시하게 되었다.

❹ 1999년부터 '남녀차별금지 및 구제에 관한 법률'이 폐지될 때까지 1137건의 사건이 여성부 남녀차별개선위원회에 접수되었다. 부당한 남녀차별에 대해 사법기관을 통하지 않고도 구제받을 수 있었으며, 이러한 사례들이 알려지면서 남녀 차별 관행도 많이 사라졌다.

4장
공부하러 가서 **맞고** 오다, 여기는 **대한민국 학교**

교육권
교육을 받을 권리, 교육을 할 권리, 또는 양자를 포함하는 권리 등을 포함한다.

잊고 싶었던 학교의 기억, 15년 만에 재생되다

교원 임용고사에 합격하고 첫 발령을 인문계 고등학교로 받았습니다. 우리 나이로 33살에 교단에 처음 섰는데, 참 감개가 무량했습니다. 학창시절에 대하여 〈말죽거리 잔혹사(2004, 유하 감독)〉보다 더욱 안 좋게 기억하고 있는 저에게는 교사로서 학교로 되돌아간다는 것이 어색한 신분 상승처럼 느껴지기도 했습니다.

고등학교를 졸업한 지 약 15년 만에 돌아온 학교는 변한 것이 없었습니다. 학생들과 첫 만남을 갖게 된 개학일부터 저는 기억하기 싫은 고등학교 시절의 추억(?)을 되살리게 되었습니다. 개학식 날 운동장에 학생들을 줄 세우는 학생부장 선생님의 솜씨는 예나 지금이나 변함이 없었습니다. 제 앞에 보이는 선생님이 저를 가르치던 그 선생님은 아닐 터이건만, 그 옛날 선생님을 비디오로 다시 보는 기분이었습니다. 천여 명이 되는 전교생을 일사불란하게 줄 세우기란 쉬운 일이 아닙니다. 그때나 지금이나 방법은 하나였습니다. 본보기를 잡는 것입니다. 정숙하라고 소리치던 학생부장 선생님은 어느 순간에 먹잇감을 발견한 듯 운동장 한가운데로 성큼성큼 걸어가십니다. 다음에 벌어지는 일은 여러분들이 예상하시는 대로입니다. 일순 운동장의 분위기는 썰렁해지고 교장 선생님이 나오기 전에 개학식의 질서는 한번에 잡힙니다.

우울한 기분은 거기서 멈추지 않았습니다. 제가 학생부 생활지도를 맡게 된 것입니다. 능수능란한 솜씨로 학생들을 장악하던 학생부장님은 바로 저의 직속 부장님이 되었습니다. 제가 해야 할 가장 막중한 일은 아침에 교문 앞에서 학생들의 두발과 복장, 그리고 지각 지도를 하는 것이었습니다. 학교를 무대로 한 영화 속 폭력 장면들의 배경이 되는 곳이 주로 아침의 교문입니다. 저는 고등학교를 졸업한 지 정확히 15년 만에 위치가 바뀌어서 같은 자리에 서게 된 것입니다.

가장 싫어하던 역할이었지만 위치가 사람을 만든다고 윗분들의 칭찬을 받을 정도로 열심히 교문지도를 하였습니다. 그러다 한번은 이런 일이 있었습니다. 어느 날 교복을 제대로 갖춰 입지 않은 학생을 잡으려는데, 이 녀석이 운동장을 가로질러 도망가는 것이었습니다. 화가 버럭 난 저는 그 학생을 쫓아 운동장을 뛰었습니다. 어느 영화에선가 본 것 같은, 운동장을 배경으로 한 교사와 학생의 추격신이 시작된 것입니다. 창가에서 구경하던 학생들은 소리를 지르고,

만약에 놓친다면 저는 망신살이 뻗쳐 분을 못 이길 상황이었습니다. 그러다가 복도를 사이에 두고 학생이 화장실에 숨어 들어가는 것을 보았습니다. 저는 회심의 미소를 지으며 화장실로 갔습니다. 그 학생은 변기가 있는 화장실에 들어가 문을 잠그고 버티고 있었습니다. 약 5분여를 기다리니 학생이 스스로 화장실에서 나왔습니다. 커다란 지휘봉을 흔들며 왜 도망갔냐고 추궁을 했습니다. 그런데 학생의 반응이 기가 막힙니다. 무슨 일이냐는 천연덕스런 표정으로 저를 보면서 "무슨 말씀이세요? 학교에 일찍 와서 교실에 있다가 방금 볼일을 보고 나오는 길인데…" 하는 게 아니겠습니까. 적반하장식 오리발 작전이 시작된 것입니다.

학생들을 다루다 보면 이런 어이없는 경우를 종종 당하게 됩니다. 뻔히 눈앞에서 벌어진 일에도 물증이 없다 싶으면 오리발을 내미는 것입니다. 이럴 때 교사는 폭력이라는 유혹에 시달리게 됩니다. 쥐어 패면 원하는 대답을 얻을 수 있으리라는 유혹 말입니다. 그러나 이런 경우에도 폭력을 쓰겠다는 유혹 너머에서 자제를 호소하는 목소리가 살아납니다. 만에 하나는 아닐 수도 있다는 목소리입니다. 흔히들 술자리에서 나오는 교사에 대한 안 좋은 기억 중의 하나가 교사로부터 오해를 사서 매를 맞았다는 사례입니다. 교사의 확신과 학생의 진실 사이에 간극이 커질수록, 학생의 반발과 교사의 매의 강도는 비례해서 커지고 둘의 관계는 돌이킬 수 없을 때가 많습니다. 그 학생의 경우는 물증이 없고 시인을 하지 않으니 그냥 보내는 것이 맞았지만, 교사의 입장을 떠나 인간적으로 그냥 보내기에는 마음이 허락하지 않았습니다.

입장에 따라 같은 사안을 바라보는 것이 천양지차일 때가 많습니다. 가끔 학생에 대한 지나친 체벌이 언론에 보도되면 보통 사람들은 교사라는 사람이 어떻게 저럴 수 있냐고 하지만, 교사들 중에는 학생이 얼마나 선생의 약을 올렸으면 그랬겠냐고 하는 분들도 있습니다. 진실이야 언론보도만으로는 알 수 없는 경우가 대부분이지만, 인식의 차이가 존재하는 것은 어쩔 수 없는 일인 것 같습니다.

결국 저는 매보다는 약간 신사적인(?) 협박 전술을 동원했습니다. 여기서 이실직고를 하면 교복을 제대로 갖춰 입지 않은 죄만 묻겠지만, 만약 끝까지 거짓말을 하면 학생부로 데려가 진실을 결국 밝혀내고 선생님을 능멸(?)한 죄까지 물어 학생부에 기록이 되는 공식적인 처벌을 하겠다고 말했습니다. 협박이 먹혔던지 방금 전까지의 천연덕스런 표정은 사라지고 죽을 죄(?)를 지었다는 자백이 나왔습니다.

인권 감수성과 피로 누적의 함수 관계

'인권 감수성'이라는 말이 있습니다. 상대방의 인권에 대하여 민감하게 반응하고 보호하려는 감각을 일컫는 말입니다. 우리가 남의 물건을 훔치려고 할 때 양심의 소리가 반응하듯이, 남의 인권이 침해되는 것을 보면 인권 감수성이 반응하여 이것이 옳지 않다는 생각을 하게 되는 겁니다. 학생부 담당을 하면서 내내 괴로웠던 것은 이러한 인권 감수성이 나날이 떨어져 간다는 점이었습니다. 권력을 소유하면 할수록 인권 감수성은 점차 둔해지는 성질을 가지고 있습니다. 권력이라는 것이 자신의 의지를 상대방에게 관철시키는 힘으로 작용하기 때문에, 인권에 대한 감수성이 떨어지기 마련입니다.

교사들의 인권 감수성이 떨어지면 학생들에게 학교는 오기 싫은 곳이 되기 시작합니다. 아니, 오기 싫은 것을 넘어 학교를 지옥 같이 여기게 됩니다. 문제는 학교의 지옥화 현상이 열정 많은 교사를 만났을 때 오히려 심해질 수 있다는 것입니다.

고 2때 저는 서울대 수학과 출신 선생님을 담임 선생님으로 만나게 되었습니다. 선생님은 꼴등반의 성적을 올리기 위하여 하루 15장의 '깜지'를 숙제로 내주었습니다. '깜지'란 연습장에 공부한 티를 만들어 오는 종이를 말합니다. 까맣게 종이를 채운다고 해서 '깜지'라고 하는 모양입니다. 그런데 이 숙제가 저에게는 너무 큰 고통이었습니다. 안 그래도 숙제하기 싫어하던 저였는데, 이 의미 없는 숙제는 저를 고통스럽게만 했습니다. 물론 개중에는 열심히 공부하여 15장을 채워 오는 학생도 있었지만, 많은 학생들이 뜻도 모를 것들을 베껴가면서 '숙제를 위한 숙제'를 했습니다. 문제는 저 같은 학생은 도저히 공부를 해서는 15장을 채울 수 없다는 데 있었습니다. 서울대학교를 나오신 담임 선생님의 논리에 의하면 5분 당 수학 문제 하나를 푼다고 할 때 20분이면 한 장을 채울 수 있고, 따라서 하루 5시간의 공부 시간을 확보하면 15장 정도는 능히 해낼 수 있다는 계산이었습니다. 그러나 수학의 기초가 전혀 없었던 저는 문제 하나 가지고 한 시간 이상 끙끙댈 때가 많았습니다. 다시 말해 한 시간을 죽자고 공부해도 한 페이지 채우기가 힘들었던 것입니다. 영어도 사정은 크게 다르지 않았습니다. 영어 문장 하나에 있는 거의 모든 단어를 영한사전에서 찾아야 했기 때문에, 영어 공부에도 한계가 많았습니다. 이러한 학생 개개인의 사정은 전혀 고려하지 않고 숙제를 내주는 통에, 그 담임 선생님을 겪은 1년은 저에게 암흑 그 자체였습니다. 결국 제가 찾아낸 해결책(?)은 1년 내내 맞는 것이었습니다. 그냥 의미 없이 정답지를 보고 베끼기는 싫고, 공부하면서 분량을 채울 방법이 없는데 다른 무슨 선택이 있었겠습니까. 저는 지금도 교육의 다양성과 상대성을 무시하는 교사들을 보면 유달리 화를 많이 내는데, 이러한 고등학교 시절의 경험이 아픈 기억으로 자리하고 있기 때문일 것입니다.

영화를 보니 교육이 보인다

학교가 학생들의 인권을 침해하는 지옥이 될 수 있다는 사실을 최초로 묘사한 영화가 〈여고괴담(1998, 박기형 감독)〉입니다.

〈여고괴담〉은 영화로서는 처음으로 교사들의 집단반발을 불러일으킨 영화입니다. 영화 속에서 담임을 '미친 개'라고 표현하는 것을 보면서 많은 교사들이 자괴감을 느꼈다고 합니다. 영화가 현실을 반영하지 않는다면 인기를 끌 수 없다고 보는데, 〈여고괴담〉은 스릴러물의 한국 영화는 성공하기 어렵다는 공식을 깨고 날이 제대로 선 현실성 덕분에 큰 인기를 끌었습니다.

〈여고괴담〉은 이전의 고등학생을 다룬 영화와는 뚜렷이 구별되는 특징을 가지고 있습니다. 그건 바로 교사나 교장 선생님을 묘사하는 방식입니다. 이전까지 고등학생을 주인공으로 한 영화의 대표는

1970년대의 얄개 영화였습니다. 얄개 영화에서는 보통 고교생들의 사랑과 우정을 코믹하게 그렸는데, 영화 속의 교사상은 상당히 전형적이었습니다. 인자한 선생님 아니면 학생들의 슬픔을 자신의 일처럼 여기는 무척 존경스러운 교사입니다. 교장 선생님은 예외 없이 근엄하면서도 자애로운 이미지입니다. 제가 기억하는 어떤 얄개 영화는 결말 부분에서 전교생이 대표 학생을 무등태워 주며 집단으로 행진하는, 단결된 모습을 보여 주다가 멀찍이서 흐뭇하게 이 모습을 바라보는 교장 선생님을 클로즈업하면서 끝이 납니다. 총화단결이라는 시대상과 존경스런 교장 선생님의 상이 어우러진 장면을 연출한 것입니다.

그러나 6월 항쟁 이후에 청소년을 다룬 영화는 조금씩 변화의 모습을 보이기 시작합니다. 영화 〈실미도〉로 유명한 강우석 감독은 1989년에 〈행복은 성적순이 아니잖아요〉라는 영화를 만들었습니다. 어른들이 '보시기에 좋았더라' 싶은 청소년 영화들 틈에서 본격적으로 학생들의 목소리를 내는 영화가 나오기 시작한 것입니다. 기성 세대의 시각으로 봤을 때 행복은 성적순이 아니라는 도발은 공부에 매진해야 할 청소년들에게 보여 주기에는 불온한 영화였을 것입니다. 이 영화에서 배우 이미연은 입시지옥의 구조 속에서 자살하는 여고생의 역할을 맡았는데, 정확히 10년 후 〈여고괴담〉에서 교사 역할로 다시 청소년 영화에 출연하게 됩니다.

〈여고괴담〉 이후의 고교생 영화는 그야말로 코페르니쿠스적 전환을 가져옵니다. 담임 선생님에게 '미친 개'라는 별명이 붙기 시작했고, 자상한 교사는 어디로 가버리고 커다란 몽둥이로 학생들을 개 패듯이 패는 교사의 모습이 영화 속 전형이 되었습니다. 교장 선생님의 모습은 더 이상 인자하거나 근엄하거나, 혹은 존경스런 인물이 아닙니다. 돈 많은 학부모에게 쩔쩔매고 교육청 관리에게는 꼼짝 못하면서, 학생들과 착한 선생님 앞에서는 알량한 권력을 휘두르는 앞뒤 꽉 막힌 사람으로 묘사됩니다. 고등학생을 주인공으로 한 영화의 이러한 반전은 사회의 전반적인 민주화와 관련이 깊습니다. 표현의 자유와 사고의 개방성이 확대되면서, 총화단결이나 시도 때도 없이 명랑하기만 한 청소년들을 그리는 것이 아니라 입시에 찌들고 교육 권력에 무참히 짓밟히는 학생들을 영화가 묘사하기 시작한 겁니다.

〈여고괴담〉 이후로 청소년을 주인공으로 한 영화에서 학교와 선생님을 묘사하는 방식은 일정한 패턴을 유지하게 됩니다. 일방적인 폭력을 행사하는 무식한 교사, 아래로는 불합리한 명령을 내리고 권력에는 약한 모습을 보이는 교장이나 재단이사장의 모습이 그것입니다. 이 불의한 권력의 모습으로 나타나는 영화 속 교사를 보면서 많은 관객들이 통쾌해한 것도 사실입니다. 모든 이가 고등학교를 거치며 비슷한 모습을 보아온 탓일 겁니다. 이러한 궤적을 그리는 영화들로 기억나는 것만 꼽아도 〈품행제로(2002, 조근식 감독)〉, 〈말죽거리 잔혹사(2004, 유하 감독)〉, 〈친구(2001, 곽경택 감독)〉, 〈투사부일체(2005, 김동원 감독)〉 등이 있습니다. 이 영화들과 〈여고괴담〉의 차이가 있다면 부정적으로 묘사되는 교사상에 대하여 더 이상은 조직적인 반발이 없었다는 것입니다. 〈투사부일체〉의 경우는 선생이 제자에게 원조교제를 강요하는 내용까지 있었지만, 사회적으로 눈에 보이는 반발이 일어나진 않았습니다.

그러면 왜 민주화 이후 한국 영화 속의 학교들은 죄다 부정적으로 그려질까요? 개인적인 추측으로는 감독들의 성향과 밀접한 관련이 있어 보입니다. 아무래도 대중적 예술 장르인 영화를 생산해내는 감독들이라면 상당히 자유분방한 성격들을 가지고 있을 것입니다. 그들이 입시제도에 억눌린 학교 시스템을 좋게 보았을 리는 만무합니다.

지금까지 주로 교사를 부정적으로 다룬 영화들을 이야기했지만, 비록 인기는 없었어도 좋은 교사상을 그린 영화나 드라마도 있었습니다. 그렇다고 1970년대의 총화단결을 강조하는 얄개 영화 같은 스타일은 아니고, 이와는 조금 다른 각도에서 접근한 경우입니다. 이런 영화들도 일정한 패턴을 가지고 있습니다. 일단 학교에 새로운 선생님이 부임합니다. 나이는 좀 젊어야 합니다. 젊다는 것은 학생들과 소통이 가능하다는 것을 상징합니다. 그리고 이 선생님은 어딘가 좀 달라야 합니다. 학생들과 함께 농구나 축구하는 것을 즐기고, 학생들을 마음속으로 이해하는 모습을 보여 줍니다. 학생들은 그 선생님이 '뭔가 다르다'는 느낌을 갖게 되며, 선생님의 인기는 점점 올라갑니다.

여기에서 이야기가 더 전개되려면 갈등 축이 존재해야 합니다. 첫 번째 갈등은 다른 교사들과 일어납니다. 학생들을 보다 깊이 이해하려는 신임 교사의 태도는 교장 선생님(사립학교의 경우 재단이사장)의 못마땅한 눈초리를 받게 됩니다. 여기에 기존 교사들의 오해가 더해지면 영화의 긴장도는 한껏 높아집니다.

다음엔 공부를 못하거나 태도가 불량한 학생이 등장합니다. 일단 교육기관이 배경이니 교사가 학생들을 잘 지도하는 내용이 빠질 수 없습니다. 그렇다고 모범생을 맡아 서울대에 많이 보내서 성공했다는 이야기를 해서는 재미가 없습니다. 주인공 선생님의 관심은 학교에서 냉대 받는 아웃사이더에게 향합니다. 아웃사이더는 절대 처음부터 마음을 열지 않습니다. 이미 상처를 많이 받았기 때문에 누구도 믿으려 하지 않습니다. 진심으로 다가가는 선생님에게 심하다 싶을 정도로 매몰차게 굽니다. 그러나 진정성이 담긴 선생님의 태도는 어느 순간 아웃사이더의 마음을 열고 결국 둘은 무엇인가 해보자는 의기투합에 이르게 됩니다.

다음 갈등은 모처럼 긍정적인 마음으로 시작한 일들이 벽에 부딪히는 것입니다. 이때 갈등을 이끄는 매개는 보통 스포츠나 음악이 되는 수가 많습니다. 물론 이 목표를 수행하면서 학교 제도나 기존 선생님의 냉담한 태도, 그리고 가정 환경 등 여러 가지 변수에 의해 절망을 느끼게 됩니다. 엎친 데 덮친 격으로 교사는 학교를 그만두거나 징계를 받아 떠나야 하는 처지에 몰릴 때가 많습니다. 결국 선생님은 학생들을 위하여 무엇인가를 해보려다가 실패하고, 떠나는 순간에 학생들은 마음을 모아 선생님에 대한 사랑을 표시하며, 학생과 교사는 서로 눈물을 흘리며 참교육의 위대함을 확인하면서 결말을 짓게 됩니다.

로빈 윌리엄스의 〈죽은 시인의 사회(1990, 피터 위어 감독)〉나 차인표가 주연했던 〈짱(1998, 양윤호 감독)〉, 사립학교 비리를 다루었던 〈투사부일체〉 등은 모두 이런 패턴을 따른 영화입니다. 재미있는 것은 학생들에게 매력 있게 다가가고 진정한 교육을 추구하는 것이 기존의 교육 시스템에서는 철저하게 부정당한다는 설정입니다.

그래서 학교 자체를 변화시켜 보고자 등장한 것이 대안학교입니다. 대안학교의 원조는 영국의 서머힐 학교Summer Hill School라고 합니다. A. S. 닐Neill이라는 교육학자가 설립한 학교인데, 자연친화적이며 자율적 의지를 중시하는 교육으로 명성을 떨쳤다고 합니다. 이 학교의 특징은 교사 한 명이 담당하는 학생 수를 줄여서 교사와 학생 간의 인간적인 대화가 가능하도록 한 것이었습니다. 교사 1인당 학생 수를 줄이면 교사의 인권 감수성이 떨어지는 것을 예방할 수 있습니다. 아무래도 많은 학생들을 상대하다 보면, 관료화되고 형식적인 교육이 이루어지기 쉽습니다. 교사도 인간인 이상 업무에 치이다 보면 짜증이 나는 것은 어쩔 수 없고, 결국 이는 고스란히 학생들의 피해로 돌아가는 경우를 많이 보게 됩니다.

어느 TV프로에서 대안학교를 졸업한 학생들이 다시 모교를 찾아가는 모습을 본 적이 있습니다. 졸업한 학교를 찾아간다며 가슴 설레어하고 고향을 찾는 것처럼 즐거워하던 모습이 인상 깊었습니다. 대안학교의 장점은 이런 데 있는 것이 아닌가 싶습니다. 학생들을 훈육과 관리의 대상으로 보고 오직 대학을 향한 공부에만 매진하게 한다면 학교는 결코 즐거운 곳이 될 수 없을 것입니다.

현재 교육 정책에 대한 논란이 많이 일어나고 있습니다. 이른바 '3불 정책'*이라고 해서, 고교평준화 해체 문제와 기여 입학제, 대학 본고사 부활에 대한 논란이 끊임없이 벌어지고 있습니다. 한쪽에서는 학생들의 학력 향상을 위하여 대학과 고등학교의 경쟁체제를 확대하거나 새로 도입하자고 주장하고 있고, 한쪽에서는 경쟁체제의 강화로 공교육을 황폐화시켜서는 안 된다는 주장을 하고 있습니다.

개인적으로 이 이상의 경쟁 확대가 무슨 의미가 있겠냐는 생각이 듭니다. 무한 경쟁의 끝에는 피폐한 인성만이 남게 됩니다. 또한 경쟁에는 끝이 없습니다. 제가 어렸을 때는 초등학교에서 영어를 가르칠 것이냐 말 것이냐는 논란이 있었습니다. 그러다가 사교육에서 먼저 초등학교 영어교육이 시작되자, 공교육은 이에 발맞춰 초등학교 고학년에서 영어를 가르치도록 하였습니다. 곧이어 사교육 시장에서 영어교육의 대상이 초등학교 저학년으로 확대되었고, 급기야는 유치원에서부터 영어교육을 시작하였습니다. 저는 여기가 끝이지 않을까 생각했습니다. 그러나 유치원에 들어가기 전인 어린이집에서도 영어를 공부하기 시작했습니다. 그리고 돌 지난 아이들을 위한 영어로 된 장난감이 잘 팔리기 시작했습니다. 여기까지 왔을 때 저는 정말 더 이상 내려갈 데가 없는 줄 알았습니다. 증시에 '바닥 밑에 지하실이 있다'라는 격언이 있습니다. 그 말은 교육에서도 통하더군요. 요즘은 영어로 태교하는 프로그램까지 강남 엄마들 사이에서 유행한다고 합니다.

- - -

* 3불 정책 참여정부의 교육 정책을 통칭하는 말. 교육에 있어서 무한 경쟁을 제어하기 위한 제도적 장치로 고교평준화 해체, 기여 입학제, 대학 본고사 부활 등을 불허하는 3가지 대표적 금지 정책을 일컫는다. 정부에서는 불不자의 어감이 좋지 않다는 이유로 '공교육 3원칙'이란 말을 쓰지만 언론에서 이를 반영하지 않아, 대중에게는 3불 정책으로 알려져 있다.

사교육이 극성을 부리자 공교육의 대처 방안은 순진하게도 '학원에 갈 시간을 없애 버리기 작전'이었습니다. 그래서 밤 9시까지 야간 자율학습을 실시했습니다. 그때는 설마 9시에 시작하는 학원이 있으랴 싶었는데, 웬걸요. 9시만 되면 학원버스가 학교 앞에 장사진을 치기 시작했습니다. 그래서 10시, 11시로 마치는 시간을 연장했더니 학원은 또 그에 맞춰 생존했습니다. 지금은 밤 12시 넘어서 시작하는 학원도 부지기수입니다. 만약 공교육이 새벽까지 학생들을 잡아 놓으면, 사교육은 밤샘교육을 시작할 것입니다. 이것이 경쟁구조에 놓여 있는 사교육 시장의 모습입니다.

이러한 교육 현실에서 학생의 인권을 이야기하고 교사의 인권 감수성을 논하는 것은 어쩌면 사치일지도 모릅니다. 학생의 인권이 침해되는 교육 현장의 문제는 교육 구성원들의 문제가 아니라 사회의 구조적인 문제이고, 그것이 학교에 투영된 것이란 생각도 듭니다. 그래서 어떤 사회 문제의 원인이 '교육이 잘못되어서'라는 이야기가 나올 때마다, 저는 '사회가 잘못되었기 때문에 우리 교육이 이렇게 되었다'라는 논리를 폅니다. 혹시 어느 학교에서 진짜로 전인교육을 펼친다 해도, 대부분의 학부모들이 입시교육을 하지 않는다고 항의나 하지 않으면 다행일 것입니다.

무한경쟁은 불행을 증식한다

학생들이 얼마나 학교에 나오기 싫어하느냐는 눈병 유행만 봐도 잘 알 수 있습니다. 교육당국은 눈병이 유행하면 병에 걸린 학생들에게 등교 중지를 시킵니다. 출결에 문제가 있을까 봐 특별조치로 출석인정 결석으로 처리하게끔 행정 조치도 취해 놓습니다. 문제는 눈병 확산을 막기 위한 조치가 오히려 눈병 환자의 기하급수적 증가를 가져온다는 것입니다. 실상은 이렇게 전개됩니다. 소수의 눈병 환자가 나타나면 담임 교사는 병원 진단서를 첨부하여 교장 결재를 받아 출석인정 결석으로 처리합니다. 이를 본 영악한 학생들은 합법적으로 학교에 안 나올 수 있다는 것을 알게 됩니다. 그때부터 학생들 사이에서는 음성적 거래가 이루어집니다. 즉 자기가 가지고 있는 눈병 바이러스를 얼마간의 대가를 받고 옮겨 주는 것입니다. 눈을 서로 비빈다든지 눈 비빈 손으로 다른 학생의 눈을 비벼 주든지 하는 방법으로 말입니다. 그래서 자연발생적으로 확산되었다고 보기에는 너무나 단기간에 많은 눈병 환자가 발생했습니다. 일이 이렇게 되니 학교에서는 대책을 세우지 않을 수 없었습니다. 결국 눈병 환자도 등교하게 하고 한 교실로 몰아 자율학습을 하게 했더니, 그렇게 높아지던 눈병 환자 비율이 급속도로 떨어지기 시작했습니다. 눈병 바이러스가 학생들 사이에서 거래되었다는 말까지 들었을 때, 교사로서 느낀 참담함은 이루 말할 수 없었습니다. 한편으로는 그 마음이 이해가 가면서도, 우리 교육이 어쩌다 이렇게까지 되었는가 하는 생각이 들었습니다.

 제가 꿈꾸는 학교는 인권 감수성이 높은 교사들에 의해 학생들의 인권이 보호되면서, 우리가 추구하는 교육들이 잘 이루어지는 행복한 학교입니다. 교사들의 교육권이 인권 감수성과 조화되어야만 학생의 인권이 잘 보호될 것이라고 저는 생각합니다. 그러나 그것만으로는 부족합니다. 학생들을 무한 경쟁으로 몰아넣는 사회구조가 바뀌지 않는다면, 몇몇 교육자의 노력만으로 우리나라 교육이 행복해지지는 않을 것입니다. 적어도 학생들이 눈병까지 옮겨가며 가기 싫어하는 학교는 만들지 말아야겠다는 것이 교육 현장에서 살아가는 교사로서의 조그만 소망입니다.

학교와 학생은 싸우고 있다

학교와 학생의 갈등은 비단 우리나라의 현실만은 아니다. 문화적 배경과 사건의 구체성이 다르기 때문에 우리 교육 현실에 바로 비유하기는 어렵지만, 자유의 미덕을 중시하는 듯 보이는 미국에서도 종종 그런 일이 일어난다.

두발 규제

두발 규제에 관해서는 미국의 소송 사례가 잘 알려져 있다. 1972년 Massie v. Henry 사건에서 미국 법원은 "머리 길이가 건강이나 타 학생에 대한 안전, 수업 분위기 등에 구체적이고 실질적인 방해를 주었다는 증거는 제시되지 않았다"라며 두발 단속의 정당성을 부정했다.

그러나 Ferell v. Dahas Independent School 사건에서는 남학생의 장발이 수업에 장애를 초래한다는 증언에 기초하여 두발 규제가 허용된다는 판결을 내렸다.

이는 두발 규제에 대해서 미국 내에서도 가치관이 엇갈리고 있다는 뜻이다. 다만 한국과의 차이가 있다면, 미국은 다민족 국가이기 때문에 머리 염색이나 파마까지 규제할 수는 없다는 것이다. 따라서 머리 길이에 대한 규제도 한국의 현실과는 상당히 다를 수 있음을 추측할 수 있다.

소지품 검사

1973년, 학교 당국의 소지품 검사는 법원의 영장 없이 실시되기 때문에 헌법 조항에 위배된다는 소송이 제기되었다. People v. Bowers 사건이라고 부르는 이 소송에 대해 뉴욕 형사법원은 학교 당국에게 영장 없이 수색할 수 있는 권한이 있다고 인정했다. 다만 '정당한 이유'와 '긴급한 상황'이라는 명확한 근거가 있을 경우에 한해서 말이다. 즉, 이러한 사유가 없을 때에는 소지품 검사가 위헌이라고 판결했다.

표현의 자유

1965년 미국 공립학교 학생 셋이 베트남 전쟁에 반대한다는 의지의 표현으로 검은색 완장을 두르고 등교했다. 이에 학교 당국은 완장을 떼도록 지시했으나 학생들이 불응하여 정학처분을 내렸고, 학생들은 표현의 자유가 침해되었음을 사유로 소송을 제기하였다.

미국 연방법원은 이 Tinker v. Des Moines Independent Community School District 판결에서 베트남 전쟁에 반대하여 완장을 두른 것은 표현의 자유에 해당하며, 학생들은 학교 밖에서는 물론이고 교내에서도 표현의 자유를 누릴 수 있다고 판결하였다. 이 판결은 재판관의 표가 5 : 4로 갈라져, 연방대법원 내에서도 찬반 대립이 심했음을 알 수 있다.

• 미국 소송 사례의 출처는
『교사의 권리 학생의 인권(하승수, 김진 지음/1999/사계절출판사)』임을 밝힘.

학교와 학생간의 법정 싸움은 시대에 따라 그 판결에 있어 많은 변화를 보인다. 우리나라에서는 1970년대에 여호와의 증인을 믿는 학생이 국기에 대한 경례를 거부하자 학교에서 학생을 퇴학시킨 일이 있다. 이 사건도 법정 소송까지 갔는데, 당시 대법원은 퇴학 처분이 정당하다는 판결을 내렸다. 요즘 유사한 소송이 제기된다면 아마 다른 판결이 나올 테지만, 이미 그런 정도의 일로 퇴학을 당하는 일도 없기 때문에 대법원 판결을 지켜볼 일은 없을 것이다.

5장
건강권 앞에서 모두 눈 깔아!

건강권

생명, 건강을 지키는 인간의 권리. 예전에는 선언적 권리일 뿐이었으나, 최근에는 건강권을 인권의 하나로 인정하는 추세다.

의대로의 전향(?)에는 이유가 있다

학교에서 입시 지도를 하다 보면 사회에서 무슨 직업을 선호하는지 잘 알 수 있습니다. 최근 선호도가 급상승한 직업은 교사입니다. 아무래도 직업 안정성이 큰 영향을 끼친 듯합니다. 과거에 높은 급여를 받던 대기업 사원에 대한 선호도가 줄어든 것은 사오정*이니 삼팔선*이니 하는 말들이 의미하는 구조조정에 대한 두려움, 그리고 평생직장 개념의 실종 때문이겠지요. 최근에는 사범대의 합격선

* 사오정, 삼팔선 사회적으로 확산되는 구조조정을 자조적으로 표현한 은어. 사오정은 45세 정년이라는 뜻이고, 삼팔선은 직장인으로서 사회생활을 할 수 있는 마지노선이 38세라는 뜻이다. 56세까지 회사에 남아 있으면 도둑놈이라는 뜻의 은어는? 오륙도.

이 많이 올라가서 제가 가르치는 학교에서는 반에서 1등 하는 학생도 탈락하는 경우가 있습니다.

그러나 시대를 초월하여 인기 있는 직업이 있으니, 바로 의사입니다. 자연계열에서 1등을 하는 학생이 가고자 하는 대학은 단연코 의대입니다. 다른 분야에 흥미를 느끼던 학생들도 고3이 되면 분위기에 휩쓸려 의대로 전향(?)하는 경우가 많습니다. 이래저래 의대는 최고의 엘리트로 채워지고 있는 것입니다.

지금 예로 든 두 개의 직업, 그러니까 의사와 교사는 인간 생활과 아주 밀접한 관련을 맺고 있다는 공통점이 있습니다. 교육을 받을 권리와 건강을 지킬 권리는 인간의 가장 기본적인 권리로, 행복추구의 가장 밑바탕에 있습니다. 몸이 아프면 제아무리 많은 재산이 있다 한들 무슨 소용이며, 교육을 받지 않는다면 어떠한 가치를 좇아 인간적인 삶을 살겠습니까. 한 나라의 행복지수나 복지 수준을 따질 때, 문맹률과 평균 수명을 표준적인 기준으로 삼는 것도 바로 이 때문입니다. 우리나라는 세종대왕이 발명한 한글 덕분에 문맹률이 매우 낮은 편입니다. 이번 장에서는 인간의 행복에 있어 가장 중요한 요소 중 하나인 건강을 의료제도와 관련하여 이야기하고자 합니다.

두 고래 싸움에 국민의 건강권이 휜다

개인적으로 의료 시스템에 대하여 관심을 갖게 된 것은 2000년에 있었던 의약분업 사태 때부터였습니다.

당시 보건복지부는 '진료는 의사에게, 약은 약사에게'라는 구호에 걸맞게 의약분업을 추진하였습니다. 그때까지 우리나라는 서양 의학을 그대로 받아들였음에도 외국과 같은 의약분업이 전혀 이루어지지 않고 있었습니다. 병원에 가면 약을 탈 수 있었고, 약국에 가면 문진을 받을 수 있었습니다. 병원과 약국 역할이 뒤죽박죽이었던 것입니다.

이러한 시스템은 국민들에게 '약이란 슈퍼에서 물건 사듯이 편하게 사먹을 수 있는 것'으로 오인하게 만들었습니다. 그로 인한 대표적 부작용이 세계 최고의 항생제 내성률이었습니다. 의약분업을 추진할 당시 보건복지부 발표에 의하면 우리나라의 항생제 내성률은 주요 선진국의 5배에서 7배에 달했다고 합니다. 항생제 내성률이 높아진다는 것은 사소한 종기나 피부 감염에도 항생제가 듣지 않아 생명의 위협을 받을 수 있다는 뜻입니다. 페니실린의 효능이 발견된 이후 인류는 세균으로부터 안전성을 확보하여 평균 수명을 획기적으로 높일 수 있었는데, 항생제 내성률의 증가가 이를 뿌리부터 흔들어 버린 것입니다.

세계적으로 우리나라의 항생제 내성률이 높다는 것은 우리나라의 항생제 처방이 유난히 잦았다는 것을 의미 합니다. 근본적으로 우리 몸이 스스로 세균에 저항할 수 있도록 면역력을 키웠어야 했는데, 단기적인 치료 효과에 급급하다 보니 항생제 내성률 세계 최고라는 불명예스런 기록을 세우게 된 것입니다. 참고로 우리나라의 항생제 처방 빈도는 세계보건기구(WHO) 권장 수준의 3배가 넘고, 주사 처방 비율도 권장치의 3배가 넘는다고 합니다.

이에 대하여 정부가 세운 대책이 의약분업이었습니다. 의사들의 약 처방 내용을 공개함으로써 항생제 처방을 자제하도록 유도하고, 약값에서 얻는 이익을 약사에게 넘김으로써 의사의 처방 남용에 대한 경제적 유인을 차단하기 위해서였습니다. 그러자 의사들은 반발했고, 급기야 집단 휴진이라는 파업 전략으로 정부를 압박하기 시작했습니다. 의사들의 단결된 힘은 파장이 컸습니다. 의사들이 가진 능력은 사람을 죽일 수도, 살릴 수도 있는 독점적 지식이었기 때문입니다. 이들의 파업은 국민의 생활을 직접적으로 불편하게 했고, 심지어 환자의 생명을 볼모로 벌이는 정치게임이 되어 버렸습니다. 그리고 다른 노동자들의 파업과는 비교할 수 없는 큰 힘을 보여 주었습니다.

의약분업은 의사와 정부의 대립이었을 뿐만 아니라, 의사와 약사라는 두 전문직의 대립이기도 했습니다. 약사는 의약분업을 시행할 경우 약을 독점적으로 공급할 수 있어 찬성이었습니다. 하지만 의사는 정반대의 이유로 약사와 대립했던 것입니다. 그때 의사들은 '의권 쟁취'를 주장하였고, 그래서 시위를 주도하는 조직 이름도 '의권 쟁취 투쟁위원회'라고 명명하였습니다. 반면 약사들은 '조제권'을 주장하였습니다. 결국 의약분업 사태는 의사들의 의권과 약사들의 조제권이 충돌한 사례였던 셈입니다.

그런데 이러한 대립 속에서 진정 훼손된 것은 의권도, 조제권도 아닌 국민의 건강권이었습니다. 당시 정부는 의료보험에서 의사들이 갖게 되는 수가를 올려 주는 방식으로 의사를 달랬고, 이는 건강보험료를 내는 국민의 부담으로 이어졌습니다. 이익단체들이 자신들의 권리를 주장하는 동안, 조직화되지 못한 환자들의 건강권은 누구도 지켜주지 않은 것입니다.

그러나 건강보험은 축복

우리나라에서 정부와 의사 단체의 대립이 이토록 심해진 것은 건강보험 제도와 관련이 깊습니다. 저는 사회보험*의 일환으로 전 국민이 건강보험에 가입하게 된 것이 대한민국 국민들에게 가장 큰 축복이라고 생각합니다. 이쯤에서 제가 가장 맹공을 퍼부을 것 같은 건강보험에 대해 극찬을 하는 것을 의아해하실지도 모르겠습니다. 그렇지만 저는 건강보험에 대하여 비판할 점이 있다 하더라도, 근본적으로 이 시스템을 유지하기 위한 노력을 기울이는 것이 좋다고 생각합니다.

사회 구조를 이야기할 때 우리는 종종 미국과 유럽을 비교합니다. 좌파** 정당의 집권 경험이 많은 유럽의 경우는 사회주의적 정

----

* 사회보험 사회복지 제도는 크게 공적 부조와 사회보험으로 나눌 수 있다. 공적 부조는 가난한 사람에게 그냥 주어지는 혜택이다. 사회보험은 이와 달리 개인이 경제 활동을 할 수 있는 시기에 돈을 거두었다가, 해당자에게 보험을 지급하는 방식이다. 국민연금, 건강보험, 산재보험, 고용보험이 4대 사회보험이다. 모두 건강하고 직장 잘 다니고 다치지 않으면 필요가 없지만, 4대 보험을 통해 국민들은 사회 안전망으로 묶이게 된다. 종교인들은 이것을 나눔의 정신이라 하는데, 시민운동을 하는 사람들은 연대라는 표현을 쓴다. 대체로 중산층 이하의 사람들은 모두 이 제도의 수혜자이다. 어지간한 부자가 아니라면 사회보험 제도를 유지하기 위해 노력하는 것이 각자에게 이익이 될 거라는 얘기다.

** 좌파 좌파와 우파의 개념은 프랑스 대혁명 당시 성립된 의회에서 급진개혁파인 쟈코뱅 당이 왼편에 앉고, 온건보수파인 지롱드 당이 오른편에 앉은 것에서 유래했다. 민주주의의 양대 원칙인 자유와 평등 중에서 자유를 강조하면 우파이고, 평등을 강조하면 좌파로 해석할 수 있다. '새는 좌우의 양 날개로 난다'라는 말이 있듯이, 서구 유럽은 좌파와 우파 정당이 번갈아 집권하면서 정책의 균형을 잡아나가고 있다.

책이 국가 시스템에 많이 접목되어 있습니다. 프랑스인들에게 주어지는 여름 휴가는 한 달이나 됩니다. 국가 전체가 1년 중 열한 달만 일하는 셈인데, 이러한 제도는 사회당 정부가 들어선 뒤부터 시행이 되었다고 합니다. 이에 반해서 미국은 극도의 경쟁 시스템이 작동되는 나라입니다. 성공한 사람에게는 어마어마한 부와 권력이 주어지지만, 실패한 사람에게는 가혹하리만치 냉정합니다.

의료 시스템에서도 사정은 다르지 않습니다. 영국의 경우 의사들은 공적 조직에서 철저하게 관리되고 있습니다. 그들은 배치된 지역의 주민 수만큼 수당을 받습니다. 『나는 빠리의 택시 운전사』의 저자이자 프랑스에서 오랜 망명생활을 하고 돌아온 홍세화 씨는 이방인에게도 예외를 두지 않는 프랑스의 무상 교육과 무상 의료 시스템에 대한 이야기를 전해 주었습니다. 프랑스의 무상 의료 혜택도 역시 사회주의적 의료 시스템의 전형입니다.

미국은 정반대의 길을 걷고 있습니다. 미국 유학을 다녀왔거나 이민을 간 사람들과 대화하다 보면, 병원비가 너무 비싸서 병원에 갈 엄두가 나지 않는다는 말을 자주 듣습니다. 물론 미국에도 의료보험이 있기는 하나 모두 민간보험이라고 합니다. 따라서 지불해야 할 보험료가 엄청나고, 그만큼 지불할 능력이 없는 사람들은 의료 시스템에서 철저히 소외되어 있다고 합니다.

이런 미국과 유럽의 현실을 잘 비교한 영화가 마이클 무어Michael Moor 감독의 〈식코SiCKO〉입니다. 영화 제목은 환자라는 뜻의 속어라고 합니다. 마이클 무어 감독은 영화에서 잔인한 미국 의료 시스템을 고발합니다. 그리고 사회보장제도로서 의료 시스템을 구비하고 있는 유럽과 비교하고 있지요. 가장 충격적인 장면은 영화 초반부에 나오는 등장인물이 다리의 상처를 스스로 꿰매는 장면입니다. 1등 강국에, 선진국이라는 나라에서 어떻게 이런 일이 벌어질 수 있는가 싶지만, 미국의 살인적인 의료비를 생각하면 이해가 가기도 합니다.

이렇게 말하고 보니 유럽은 마냥 좋고, 미국은 무조건 나쁜 것처럼 보이네요. 하지만 현실은 그렇게 단순하지 않더라는 말입니다. 주로 의사들의 주장이긴 하지만, 의사들의 영리행위가 차단되어 있는 유럽에서는 의료 기술의 발전이 더디다고 합니다. 또한 영국과 같은 영어권 국가에서는 실력 있는 의사들이 아메리칸 드림을 안고 쉽게 미국으로 건너가 버린다고 합니다. 그 빈자리는 실력이 상대적으로 부족한 제3세계 의사들이 채우게 됩니다. 즉, 경쟁이 없는 의료 시스템이 질적 저하를 가져온다는 의사들의 주장이 있습니다.

이런 배경으로 인해 우리의 의료 시스템에 대해 이야기할 때, 시민단체는 유럽의 사회주의적 의료 시스템을 강조하고, 의사들은 의학 기술이 발달한 미국의 예를 많이 듭니다. 아무래도 미국 유학도 빈번하고, 미국의 기술을 적극적으로 받아들이는 의사들의 배경과 좌파적 성향을 가질 수밖에 없는 시민단체의 근본적인 속성이 충돌을 빚는 듯합니다.

양시론 같긴 하지만, 저는 두 가지 의견이 모두 일리 있다고 생각합니다. 그런 까닭에 현행 대한민국의 의료 시스템을 유토피아는 아닐지 몰라도 최선의 시스템이라고 생각하는 것입니다. 그래서 근본적으로 '전 국민 건강보험' 시스템을 유지하면서, 단점을 보완해 나가야 한다고 봅니다. 미국이든 유럽이든 선진국에 다녀온 사람들이 이구동성으로 우리나라 의료 시스템을 칭찬하는 것을 자주 듣기도 합니다. 그때마다 이런 생각에 확신을 갖지요.

매년 연말이면 다음 해 건강보험료가 얼마 오른다는 언론 보도가 나옵니다. 기자들은 국민의 부담이 가중될 것이라는 비판적 시선을 첨가하고, 국민들은 당연히 건강보험에 대한 불신을 키우게 됩니다. 월급쟁이들 중에 월급 명세서에 찍히는 건강보험료에 불만을 갖지 않는 사람을 보기가 힘듭니다. 특히 맞벌이 부부의 경우, 이중으로 보험료를 낸다며 더 억울해하는 모습을 자주 봅니다.

그러나 건강보험의 성격을 제대로 안다면 절대로 불만을 제기하지는 못할 것입니다. 건강보험은 민간보험사에서 운영하는 생명보험이나 화재보험 등과는 다른 사회보험이기 때문에 영리를 추구하지 않습니다. 물론 일부 방만한 운영으로 보험금이 효율적으로 이용되지 않을 수도 있을 것입니다. 하지만 여전히 민간보험사보다 보험료나 혜택 면에서 월등합니다. 만일 이를 시장에 맡기면 우리는 미국과 같이 엄청난 금액의 보험료를 부담해야 하고, 이를 부담할 능력이 없는 사람들은 앞서 나온 영화 속 인물처럼 스스로 다친 자리를 꿰매야 할지도 모릅니다.

의료보험에 대한 중대한 오해 중 하나가 '병원에 몇 번 가지도 않는데 너무 돈을 많이 낸다'라는 것입니다. 건강보험료를 내는 사람들은 노동 가능 인구이기 때문에 병원에 갈 일이 적을 것입니다. 그러나 그들도 언젠가는 노인이 될 것이고, 결혼하면 자녀도 낳을 것입니다. 결국 맞벌이라 하더라도 소득이 중산층 정도라면 평생에 걸쳐서 받게 되는 의료비는 자신이 내는 보험료를 웃돌 가능성이 높습니다. 직장인의 경우에는 자기가 부담해야 하는 보험료의 절반을 직장에서 내기 때문에 혜택이 더욱 커집니다.

그런데 '전 국민 건강보험' 시스템을 붕괴하려는 시도가 곳곳에서 일어나고 있습니다. 지금 당장 의료 시장을 개방하라는 미국이 외부의 힘이라면, 자유롭게 영리를 추구하려는 내부 이익집단의 압력도 있습니다. 여기서 의료 소비자인 국민에게 건강권을 지키기 위한 올바른 제도가 무엇인지 판단할 지식이 없다면, 어렵게 지탱해온 건강보험 시스템이 무너질 수 있습니다.

영리기관인 미국 병원이 우리나라에 들어오는 데 있어 가장 큰 걸림돌은 건강보험 제도입니다. 미국 병원도 일단 국내에 들어오면 보험수가 적용을 받아야 하기 때문입니다. 만일 미국 병원에만 보험 적용에 예외를 둔다면, 국내의 병원들도 형평성의 원칙을 들며 예외로 해줄 것을 주장할 것입니다. 이런 식으로 건강보험 제도에서 빠져나가는 병원이 하나둘 생기게 되면 우리의 시스템은 붕괴하게 됩니다.

지금은 국내 최고의 병원이든, 동네 병원이든 구분 없이 거의 비슷한 돈을 지불하고 의료 혜택을 받을 수 있습니다. 서울의 최고 종합병원에 예약이 밀려서 못 가는 경우는 있어도, 돈이 없어서 못 가지는 않습니다. 입원을 할 때도 다인실에 들어가면 입원비는 거의 들지 않습니다. 모두가 건강보험의 혜택입니다.

건강권과 관련하여 우리가 비판적이어야 하는 부분은, 제도보다 우리의 의식이라고 생각합니다. 건강은 인간의 행복과 직결되는 사안입니다. 우리 모두가 천하를 얻어도 건강을 잃으면 아무 소용이 없다는 사실을 알면서도, 마치 자신만은 언제나 건강할 것처럼 생각합니다. 새벽까지 코피 쏟아가며 공부하는 학생을 칭찬하고, 야근을 밥 먹듯이 하는 노동자들을 추켜세우는 문화는 국민 건강권을 가장 심각하게 해치는 주범입니다. 어쩌면 건강보험료에 인색한 우리의 관념도 여기에서 출발한 것인지도 모르겠습니다.

가장 우수한 학생들이 의대에 몰리는 현상이 국민 건강권에 득이 되는 현상인지도 저는 잘 모르겠습니다. 여유롭게 살기 위해 의사가 되려는 사람들이 의대에 몰리면, 정말로 의사가 되어야 할 사람들이 탈락할 수도 있기 때문입니다. 의사란 생명을 다루는 직업이므로 최소한의 전문성과 기술을 갖춰야 하겠지만, 그보다 중요한 것은 인간에 대한 애정입니다. 의사도 사람이고 직업인이므로 영리를 추구하는 것이 당연하지만, 같은 이유에서 의사의 윤리의식은 더 높아야 합니다.

권리에도 위아래가 있다

요즘은 성분명 처방을 두고 의사와 정부 간에 새로운 갈등이 일어나고 있습니다. 예전에는 의사가 처방전에 약의 성분명이 아닌 상품명을 적어 주었습니다. 둘의 차이는 아주 간단합니다. 처방전에 상품명을 적게 되면 특정 회사의 약만 써야 합니다. 제약회사를 선택하는 것과 마찬가지입니다. 그러나 만일 성분명 처방을 하면 같은 성분을 가진 다른 회사의 약을 구입할 수 있습니다. 그러한 약을 카피약이라고 하는데, 오리지널 약과 똑같은 성분으로 만들어져 있습니다. 카피약이라고는 해도 성분이 같으므로 다른 약에 근접하는 치료 효과를 볼 수 있다고 합니다. 카피약은 제조원가가 싸서 의료 소비자가 싸게 의약품을 구할 수 있다는 장점이 있습니다. 그래서 보건복지부에서 성분명 처방 제도를 도입하려 하자 의사들이 또 반발하고 있습니다.

이제는 의사들이나 약사들 모두 주장이 세련되어져서 과거와 같이 '밥그릇 지키기' 냄새가 나는 어이없는 주장을 하는 대신, 적당히 포장을 잘합니다. 그들도 의권이나 조제권을 주장해서는 국민들의 지지를 받을 수 없다는 것을 잘 알고 있습니다. 그래서 '국민의 건강권을 보호하기 위해서'라고 포장을 합니다. 의약분업 사태 이후에 의사들에 대한 대중들의 존경과 경외는 철회되었습니다. 의사를 보는 눈이 달라졌고, 의사들 스스로도 이것을 잘 느끼고 있습니다. 덕분에 막무가내식으로 의권 쟁취를 주장하지 않고 국민의 시선을 의식하게 된 것입니다.

그러나 여기서 분명히 해야 될 점이 한 가지 있습니다. 의권이 되었든 조제권이 되었든, 모두가 국민 건강권의 하위개념이라는 것입니다.

저는 '사' 자 들어간 직업을 싫어합니다. 어쩌다 보니 저 역시 '사' 자 들어가는 교사가 되었지만, 다행히(?) 주위 사람들이 '사' 자 들어간 직업으로 쳐주지는 않습니다. 제가 '사' 자 직업을 싫어하는 이유는 이런 직업을 가진 사람들 중에는 공익을 위하라고 쥐어준 특권을 마치 자신들에게 천부인권처럼 주어진 권리로 오인하는 사람들이 너무 많기 때문입니다. 어떤 특권을 우리가 인정한다는 것은 그로 인해 새로운 계급을 형성하려는 것이 아니라, 궁극적으로 국민들의 이익을 도모하기 위해서입니다. 그러므로 의사들의 의권, 약사들의 조제권도 국민의 건강권을 보장하기 위하여 존재하는 것입니다.

요즘은 많이 달라졌지만, 과거에는 의사가 병을 치료하러 온 환자 위에 군림하려고 한다든지 정확한 정보를 제공하지 않는 경우도 허다했습니다. 환자는 당연히 자신의 병에 대하여 정확한 설명을 들을 권리가 있는데도 말입니다. 다행히 국민들의 교육 수준이 높아지고 의식이 깨이면서 이러한 병폐는 많이 사라졌습니다. 그러나 의료사고 등이 일어났을 때 피해 환자들이 당하는 고통은 여전하다고 합니다.

어느 지역에서는 보건소가 어려운 주민들을 위하여 야간 진료를 실시하려고 했더니 인근 개업의들이 이를 반대하는 공문을 보건소에 보냈다고 합니다. 어려운 이웃에 대한 배려가 있다면 절대로 하지 못할 일을 거침없이 하는 모습을 볼 때면, '노블리스 오블리제'*

. . .

* 노블리스 오블리제noblesse oblige 높은 사회적 신분에 상응하는 도덕적 의무를 뜻한다. 예를 들자면 이런 것. 중국 공산당 지도자 마오쩌둥(毛澤東, 1893~1969)의 아들이 한국전쟁에 참전했다가 전사했다. 이 소식을 들은 마오쩌둥은 아들의 시신을 수습하지 말라고 지시했다. 시신을 찾느라 더 많은 병사들이 희생될 것을 염려한 것이다. 반대의 예도 있다. 2005년 국적법 개정안이 통과된 이후 우리나라 고위층의 자제들이 병역기피를 위해 대거 국적을 포기한 일. 물론 지금도 여러 가지 방법을 통해 병역기피는 계속되고 있다.

까지는 아니더라도 최소한의 사회적 연대의식은 있었으면 하는 생각이 듭니다. 건강은 행복에 직결되는 문제입니다. 국민의 건강권은 어떤 가치로도 훼손할 수 없다는 점을 의사들이나 국민들 모두 명심했으면 합니다.

의사의 과실, 억울한 당신이 입증하라

탈장 수술을 받은 어린아이의 방광에서 수술용 실 뭉치가 나왔다? 의료진의 실수가 자명한 듯 보이는 이런 사건(2007년 12월 4일, MBC 뉴스 보도)에 대해서도 병원은 쉽게 실수를 인정하지 않고, 환자는 보상을 받기 어렵다. 의료사고에 있어 환자는 절대적으로 약자이기 때문이다. 의료사고가 발생했을 때, 환자가 일반적으로 행할 수 있는 시도는 다음과 같은 것들이 있다.

의료사고가 발생했을 때 어떻게 보상을 받을까?

첫 번째 시도
각 시·도에 설치되어 있는 '의료심사조정위원회'에 분쟁조정 신청을 하여 조정을 받는다. 그러나 강제력이 없어 실제로는 조정 실적이 극히 미미하다.

두 번째 시도
담당 의사가 '의료공제회'에 가입이 되어 있는 경우에는 여기에서 보상을 받을 수가 있다고 한다. 그러나 의사협회에 등록되어 있는 의사 중에 '의료공제회'에 가입되어 있는 의사는 10%에 불과하다.

최후의 수단
법적 소송이다. 단 막대한 시간과 경제적 손실을 감수해야 한다. 더 어려운 것은 입증책임이 환자에게 있다는 것이다. 환자가 전문적 지식을 가진 의료진의 과실을 증명하기란 쉽지 않다.

의료 지식이 전무한 환자가 의사를 상대로 과실을 입증해야 하는 부조리를 해결하기 위하여 '의료사고피해 구제법안'이 국회에 계류 중이다. 이 법안의 주요 골자는 입증책임의 전환이다. 현재까지 의료사고가 나면 일반 민법 원리에 의해 피해자가 가해자에게 책임이 있음을 입증해야 한다. 하지만 이 특별법은 의료사고에 대해 의사 자신이 잘못이 없음을 입증하도록 정하고 있다.

하지만 의사협회는 국회와 정부를 상대로 압박과 로비를 계속하며 이 법안의 통과를 막고 있다. 그래서 이 법안이 국회에서 논의된 지 20년이 되어가는 지금도 막연히 표류하고만 있는 실정이다.

'의료사고피해 구제법안'을 반대하는 이유

이 법안이 통과되면 의사들은 환자를 살리기 위한 적극적인 노력을 하기보다는 방어 진료에 나서게 된다는 것이 큰 이유다. 실제로 중소도시나 농촌 지역의 산부인과에서는 분만환자를 꺼리는 경우가 종종 있다. 분만 중에는 의료사고가 일어날 확률이 굉장히 높기 때문이다.

미국의 의료비가 비싼 이유는 의료사고에 대한 보상이 완벽하게 보장되어 있기 때문이란 의견도 있다. 그러므로 의료사고로 인한 보상 정도가 낮은 우리나라는 상대적으로 저렴한 비용으로 치료를 받을 수 있는 거라는 논리다.

6장
의무를 거부하지만, 그래도 국민이다

양심적 병역거부
종교적 신조나 반전사상적 입장에서 병역의무를 거부하는 행위.

군대, 학교와 합체하다

대한민국 남자들이 통과의례처럼 겪어야 되는 것이 군대입니다. 저는 갓 두 돌을 지난 아들을 두고 있는데, 벌써부터 아내는 나중에 진헌(제 아들 이름입니다)이가 군대에 가면 슬프고 불안해서 어떻게 하냐고 오버 섞인 걱정을 하고 있습니다. 아마 장성한 아들을 둔 부모 중에서 자식의 병역 문제를 걱정하지 않는 사람은 없을 것입니다. 입으로야 대한민국 남자라면 당연히 갔다 와야 한다고 하지만, 막상 자신에게 닥치면 걱정부터 앞서는 것이 인지상정입니다.

저는 군대를 상당히 늦게 간 편입니다. 나이 28세에 입대를 하였으니, 빠른 사람과 비교하면 약 8년 정도 늦은 셈입니다. 제가 군대에 입대하기 전 날, 이미 군대에 갔다 와서 예비군 훈련까지 끝나간다고 자랑하던 친구들은 저를 보고 "나 같으면 안 산다"고 위로 아닌 위로를 건넸습니다.

그나마 다행이었던 것은 공군 장교로 입대하여 적지만 월급도 받고 정시 출퇴근을 할 수 있었기 때문에 '군대 충격'이 좀 덜한 편이었다는 것입니다. 때마침(?) 국가적 위기였던 IMF 환란 사태가 벌어져서, '취직도 안 될 때에 오히려 잘되었다'라고 스스로 위로할 수도 있었습니다. 일반적인 육군 보병으로 입대하는 길을 피하려고 했던 것은 고등학교 시절에 대한 잿빛 기억 때문이었습니다. 제가 학교를 다니던 1980년대의 중고등학교는 군대나 다름이 없었습니다. 1987년 민주화 이후 학교도 변화의 싹을 약간씩 보이긴 했지만 여전히 광폭한 군사 문화의 잔재가 학교 주위를 배회하고 있었습니다. 교육계는 우리 사회에서도 가장 보수적인 집단이라서, 여타의 분야가 모두 변하고 나서야 변화하기 시작하기 때문입니다.

중학교에 다닐 때만 해도 군인처럼 국기에 대한 경례를 해야 했고, 고등학교 재학 시절에는 교련 조회도 있었습니다. 지금은 교련 과목이 없어져서 요즘 세대들은 잘 모르겠지만, 교련 조회는 군대에서 실시하는 사열을 학교에서 교련복을 입고 실시하는 행사입니다. 한번은 교육청에서 장학사와 장학관들이 나와서 사열을 받았는데, 그 때문에 며칠 동안이나 사열 연습을 하여 녹초가 되었던 기억이 납니다. 다행히 제가 다니던 학교의 교련 선생님은 합리적이고 인자한 분이어서 전형적인(악명 높고, 학생주임을 도맡아하시는) 교련 선생님 하고는 거리가 있었습니다. 그러나 1970~1980년대 학교를 다룬 영화들을 보면 군복에 선글라스를 끼고 지휘봉을 들고 나와 학생들의 인권을 거침없이 헤집고 다니시는 교련 선생님의 모습을 단골로 볼 수 있습니다. 그만큼 군사 문화가 학교에 많이 침투해 있었다는 뜻입니다.

요즘은 학교에서 많이 사라진 벌이지만, 원산폭격이라는 잔인무도한 벌도 학교가 얼마나 군대와 비슷했는지를 확인시켜 주는 사례입니다. 원산폭격이란 두 손을 허리 뒤에서 맞잡고 머리를 땅에 박는 체벌을 의미합니다. 한국전쟁 당시 미군이 후퇴하면서, 군사적 요충지인 원산에 B-29라는 폭격기를 동원해 초토화시켰는데 이후부터 그 벌에 원산폭격이라는 명칭이 붙었지요. 그만큼 가혹한 체벌이라는 뜻일 겁니다. 이 벌은 '원산폭격 실시' 혹은 '머리 박아'라는 구호와 함께 전교생을 일사불란하게 벌 세우는 효과를 잘 발휘했습니다. 이 구호가 나오면 모두들 자기가 서 있는 자리에서 머리를 박았는데, 저처럼 요령이 없는 사람은 자꾸만 기우뚱 넘어져 선생님들의 발길질을 수도 없이 받았습니다.

푸코Foucault*라는 학자는 군대와 학교가 유사한 모습을 띠는 이유를 잘 규명하였습니다. 그의 저서 『감시와 처벌』은 개개인의 몸을 규율하고 길들이는 시스템을 감옥을 통해 설명하고 있습니다. 이러한 규율 시스템은 단지 감옥에만 있는 것이 아니라, 학교와 군대, 병원, 공장 등 근대 사회가 만들어낸 각종 조직에서 공통적으로 나타

----

*푸코 프랑스 철학자. 철학뿐만 아니라 사회학·심리학·정신병리학 등 여러 학문에 지대한 영향을 끼쳤다. 합리성으로 포장된 근대 서구 이성이 가진 폭력성에 대한 비판적 성찰을 전개하였다. 『감시와 처벌』, 『성의 역사』, 『광기의 역사』 등이 대표적인 저서인데, 그 방대한 양에 기죽지 말고 꼭 읽어 보시길.

납니다. 이러한 제도 아래에서 개인은 '근대적 이성'의 기획에 맞춰 규율을 내면화하게 된다는 것입니다.

근대 사회의 규율화된 시스템을 아주 잘 보여 주는 영화가 있는데, 찰리 채플린의 〈모던 타임즈(1936, 찰리 채플린 감독)〉라는 영화입니다. 채플린의 영화는 영화사에 길이 빛날 수작인데도 우리나라에는 그가 죽은 지 20년, 영화가 만들어진 지 50년이 넘은 1989년에야 소개되었습니다. 우리가 찰리 채플린의 영화를 볼 수 있었던 것도 결국은 1987년 6월 항쟁의 결과물이라 할 수 있습니다. 어쨌든 〈모던 타임즈〉는 1930년대의 미국 대공황시기를 배경으로 현대 조직사회의 인간소외 현상을 잘 표현하였습니다. 이 영화의 명장면은 찰리 채플린이 컨베이어 벨트의 톱니바퀴에 끼어 돌아가는 장면입니다. 규율화된 조직사회 속에서 힘을 잃은 인간의 모습을 상징적으로 잘 표현하여, '영화 속 인상적인 장면' 하면 빠지지 않습니다.

교육권 이야기를 할 때 이미 눈치를 채셨겠지만, 저는 이런 규율 시스템에 잘 적응하지 못하는 인간형입니다. 누군가가 제 몸을 통제하려고 하고, 머릿속 생각을 뜯어고치려 하는 것에 대하여 극도의 거부감을 가지고 있습니다. 그러니 군대를 먼저 갔다 온 선배들의 무용담은 저에게 재미있는 이야깃거리가 아니라 다가올 고통에 대한 두려운 예고였습니다. 물론 누군들 군대 가는 것을 좋아했으랴마는, 자유로운 사고를 즐기는 사람에게 군대에 대한 달갑지 않은 감정은 어쩔 수 없는 일일 것입니다.

결국 저는 상대적으로 자율성을 보장받을 수 있는 장교, 그중에서도 '공군 신사'라는 표현이 있듯이 가장 점잖아 보이는 공군 장교로 복무하기로 정했던 것입니다. 여담이지만 제 생김이 투박하고 피부가 까무잡잡해서 그런지 육해공군 장교가 교육차 모일 기회가 있었는데, 한 육군 소령이 저보고 "자네는 생긴 것을 보니 육군으로 와야 할 것 같네"라고 농을 걸기도 했습니다. 이래저래 저는 8학군 강남 학교나 공군 신사 이미지하고는 거리가 먼가 봅니다.

공군 장교는 IQ테스트와 비슷한 국어·영어·수학 문제와 일반상식 문제로 선발하는데, 제가 입대할 당시 경쟁률이 4~5대 1 정도 되었던 것으로 기억합니다. 제 다음 기수부터는 외환위기 탓에 군대로 지원자들이 몰려와 경쟁률이 몇십대 일로 치솟았습니다. 시험에 합격하면 12주간의 기본 군사 훈련을 받고, 공군 소위로 임관을 하게 됩니다. 대학과 전공 등이 다양한 대졸자들은 12주간의 교육을 통해서 군인으로 다시 태어나게 됩니다. 이 기간의 교육이 갖는 가장 큰 특징은 활자화된 문서를 못 읽게 한다는 점입니다. 각종 신문과 서적의 반입이 금지되고 오직 읽을 수 있는 것은 군대에서 제공한 군사학 관련 서적뿐입니다. TV 시청이나 라디오 청취도 금지되어 있었기 때문에 부대 곳곳을 행진하는 중에 듣게 되는 국군방송이 소식통의 전부였습니다. 그래서 군사학 강의를 하러 들어오는 위관 장교들은 훈련받는 사관 후보생들을 위하여 스포츠신문을 읽고 들어와 각종 가십 기사들을 전해 주기도 하였습니다. 제가 1997년 외환위기 직전에 입대하여서 간간이 환율이 달러당 2,000원을 넘는다는 등의 소식을 얼핏 들을 때면 바깥 세상이 망해간다는 과장된 생각을 하기도 했습니다. 가끔 얼토당토않은 이야기를 하면서 정보로부터 소외된 후보생들을 놀리는 교관들도 있었습니다. 그래서 삼풍백화점 붕괴 사건이 일어났을 때, 그 소식을 전해들은 후보생들은 교관이 지어낸 이야기라고 생각했다고 합니다.

이렇게 정보를 차단하는 것은 다양한 배경을 가진 사관 후보생들을 군대 시스템에 효율적으로 적응시키려는 장치라고 할 수 있습니다. 공군 장교들 중에는 학벌이 좋은 사람이 많아서 세칭 SKY 출신이 많고, 대학원 졸업자도 상당수에 이릅니다. 그런데 이런 학력을 가진 사람들이 훈련 기간 중에는 참 순진해지고 별것 아닌 일에 감동을 잘 합니다. 교회에 가서 따뜻한 말 한마디 전해 주는 군인 가족들에 눈물을 짓고, 독실한 불교신자가 교회에서 주는 초코파이 때문에 예배당 맨 앞자리에 앉기도 합니다. 이러한 변화 중에 가장 기억에 남는 것은 식사 시간에 물을 먹는 규칙에 대한 논쟁이 벌어졌던 일입니다.

다 큰 청년들, 요구르트 때문에 맘 상하다

300명이 넘는 후보생들을 조그만 식당에서 1시간 내에 밥을 먹이려다 보니 1인당 식사 시간은 겨우 3분만 주어집니다. 식사의 방식은 공군 특유의 직각 식사입니다. 직각 식사는 왼손은 바르게 펴서 식판 왼쪽에 반듯하고 평행하게 붙이고, 오른손으로는 수저를 들고 식사를 하는데 손을 수직으로 입 높이까지 이동시킨 다음에 반듯하게 수평이동을 하여 입에 밥을 넣는 방식입니다. 허리는 꼿꼿이 의자 등받이에 붙여야 하고 시선은 정면을 향해야 합니다. 만약 식판을 보기 위해 고개를 숙였다가 교관에게 들키는 날에는 편히 밥 먹을 생각은 접어야 합니다. 한번은 나도 모르게 고개 숙이는 것을 들켜서 일장 잔소리를 듣고 자리에 앉았더니 식사 시간 3분이 그만 지나가 버렸습니다. 힘든 훈련 기간 중에 유일한 낙이 밥을 먹는 것인데다가 힘든 오후 훈련까지 남아 있었는데 고픈 배를 잡고 식판을 들고 일어서려니 그만 눈물이 핑 돌았습니다. 밥을 못 먹어 울어 보기는 세상에 태어나 처음이었습니다.

식사 시간 3분은 잠깐 지적 사항을 듣다가 끝날 정도로 엄청 짧은 시간이었습니다. 지금 생각하면 운동량이 많아 늘어난 식사량을 그 3분 안에 입에 넣었다는 사실이 신기합니다. 게다가 3분의 식사 시간이 모두 주어지는 것도 아닙니다. 식사 끝나기 30초 전에는 "식사 끝 30초 전"이라는 구호가 들리고, 이 구호가 나온 다음에는 물 마시는 것만 허락되어 있습니다. 자리에서 일어나기 전에 입 안의 내용물을 다 처리하고 일어나야 하는 것입니다. 논란이 벌어진 것은 우습게도 우유와 요구르트 때문이었습니다.

사관 후보생들에게는 명예위원장을 대표로 하는 자치회 비슷한 것이 있는데, 자체적으로 규율을 잡는 명예위원도 있습니다. 그 명예위원이 회의 때 "식사 끝 30초 전"이라는 말이 나오면 물만 마셔야 하는데 우유와 요구르트를 먹는 후보생이 있다고 문제를 제기하면서 끝이 없는 논란은 시작되었습니다. 공부도 할 만큼 한 사람들이 유치해지기 시작하니까 별것 아닌 일로 논쟁씩이나 하게 되었습니다. 우유와 요구르트도 영양가가 있는 음식이니 먹어서는 안 된다고 하는 파와 우유와 요구르트는 물과 성격이 똑같으니 먹어도 된다는 파로 갈라졌습니다. 조선시대 당파싸움의 동인 서인 논쟁도 이 정도로 치열하지는 않았을 것입니다. 저야 좋은 게 좋은 거라고 어차피 식사 시간도 짧으니 밥 먹기 유리한 편에 붙었습니다. "식사 끝 30초 전"이라는 구호가 나온 이후 우유와 요구르트를 마시는 것이 음식 낭비도 안 되고 훈련도 잘 받을 수 있는데, 굳이 엄격하게 규칙을 적용해 안 마실 이유는 없었으니까요. 논쟁이 끝날 줄 모르자 결국은 교관의 유권해석에 따르기로 하고 회의를 끝마쳤습니다. 참고로 교관의 유권해석은 마셔도 된다는 것이었습니다.

　이러한 모습들을 지켜보면서 입대할 때만 해도 절대 군인이 될 수 없을 것 같았던 사람들이 서서히 군대의 질서를 내면화하고 있음을 깨닫게 되었습니다. "식사 끝 30초 전"이라는 구호 이후에 우유를 마시느냐 마느냐를 가지고 논쟁을 벌인다는 것 자체가 그 방증이었습니다. 저 역시도 겉돌기만 할 것 같던 군대에 어느새 잘 적응하고 있었습니다. 대학을 졸업하고 짧은 사회생활을 하면서 알게 모르게 규율 시스템에 적응할 수 있는 몸과 마음의 상태가 되어 있었는지도 모릅니다. 저에게 군대는 단지 적응이 문제였던지라 나머지는 별 문제가 없었습니다. 가장 큰 난관이었던 12주간의 훈련을 마치고 정훈 장교라는 상대적으로 편한 보직을 맡아 나름대로 능력도 인정받으면서 군생활을 해 나갔습니다. 공군 장교라는 특수성도 있긴 했지만, 군대라는 꽉 막힌 조직에서 그런대로 생활을 잘 꾸려갔던 것 같습니다.

신념에 따라 의무를 거부하는 사람들

그러나 단순히 적응의 문제가 아니라, 양심의 문제로 군대를 바라보는 사람들이 있습니다. 이른바 양심적 병역거부자들입니다. 저 역시도 양심에 비춰 살아간다고 자신하는 사람이 아니라서 양심적 병역거부자들을 잘 이해하지는 못합니다. 그러나 적응의 문제로 군대를 바라보는 사람과 양심의 문제로 군대를 바라보는 사람의 마음은 달라도 한참 다를 것입니다.

'양심적 병역거부 수형자 가족 모임'에 따르면 1950년 이후 양심적 병역거부자의 수는 1만 2천324명에 달하고, 이들에게 총 2만 5천483년의 형이 선고되었다고 합니다. 양심적 병역거부는 종교적 문제를 포함하면 상당히 오래된 이야기입니다. 여호와의 증인 신도들이 군대에 가지 않고 감옥에 간다는 이야기는 사람들이 술집에서 안줏거리로 삼을 만큼 유명한 이야기입니다. 하지만 우리나라는 이단 종파로 낙인이 찍힌 종교에 대한 관용도가 상당히 낮은 편이라, 사회적으로 크게 이슈화되지는 못한 것 같습니다. 더구나 국민개병제에 따라 강제징집을 실시하는 우리나라에서 군대의 경험을 모두가 공유하는 상황이 양심적 병역거부 인정에 상당한 장애가 되고 있습니다.

군대와 관련하여 사회적으로 이슈가 되었던 문제를 따지자면 한도 끝도 없을 것입니다. 그중 가장 기억에 남는 것은 군 제대자에 대한 공무원 시험 가산점의 문제입니다. 저는 이 제도의 폐지로 직접적인 손해를 봤던 사람입니다. 나이 들어 군에 입대하는 바람에 교원 임용고사에 먼저 합격하고 군대를 가려는 계획을 세웠었습니다.

그런데 알아보니 당시에는 교원 임용고사에 군 제대자에게 7% 가산점이 주어져서 군대에 다녀오고 시험을 보는 것이 더 유리할 것이라는 판단이 섰습니다. 그래서 열심히 군복무를 하며 제대하여 가산점을 받을 계산을 하고 있었는데, 군복무 기간의 반환점이 넘어갈 무렵에 헌법재판소 판결이 나왔습니다. 군복무 가산점 제도*는 비제대 군인의 평등권, 공무담임권을 침해하므로 위헌이라는 판결이 헌법재판소 재판관 전원일치로 나왔던 것입니다.

저는 나름대로 법에 대한 공부를 좀 해서 위헌판결의 근거는 합리적으로 이해하고 있는 편이었습니다. 그러나 이 판결은 사회적으로 남성과 여성의 대결로 비화되었습니다. 재밌는 것은 여론조사에서 이 판결에 대한 여성의 찬성율이 전체적으로 높다가 50대 여성에서 반대율이 높아지는 현상이 나타났다는 것입니다. 취업을 앞둔 20대 아들을 둔 여성들이 자신의 자녀에게 미칠 파장을 걱정해서 생긴 현상이라는 분석이 가장 그럴듯하게 제기되었습니다.

당시 군대 안에서는 난리도 아니었습니다. 내무반에서, 사무실에서, 이 판결에 대한 성토가 이뤄졌습니다. 나름대로 판결에 동의하는 저 역시도 질풍노도와 같은 반대 목소리에 눌려 끽소리도 못하

----

* 군복무 가산점 제도, 억울하면 군대 가라? 1998년 10월, 여성계와 장애인협회가 공무원 채용시 군복무를 마친 사람에게 가산점을 주는 제도가 위헌이라며 헌법소원을 냈다. 그리고 남성들이 보기에는 '덜컥' 위헌결정이 내려졌다. 분노와 환희가 엇갈렸지만 논쟁은 계속되고 있다. 최근에는 군복무 가산점 제도를 부활시키는 병역법 개정 문제가 다시 뜨겁게 논의되고 있다. 남성들은 "군대 가봤어요? 먹어도 배고프고, 입어도 추운 곳이 바로 군대요"라고 하고, 여성들은 "애 낳는 여자에게는 왜 가산점 안 주나요?" 한다. 그러나 어쨌든 군가산점이 여성·장애인·비제대 군인의 평등권·공무담임권·직업선택의 자유를 침해하는 것임은 확실해 보인다.

고 입을 다물고 있어야 했습니다. 빽이나 돈을 써서 군대를 가지 않은 상류층에 대한 분노를 토해내면서 '그들보다는 우리가 대우를 받아야 하는 것 아니냐'는 논리가 많았습니다. 사회적 약자인 장애인들보다 대우 받아야 한다는 논리까지 펴는 사람은 없었지만, 최소한 여성들에 비해서는 더 보상이 주어져야 하는 게 아니냐는 목소리가 높았습니다.

저는 나지막한 목소리로 어차피 돈이나 빽으로 군대를 가지 않은 상류층이야 공무원 시험을 치지도 않을 테니 가산점을 주건 안 주건 관심이 없을 것이고, 장애인은 사회적 배려 대상이고, 오직 여성들만 피해를 보는 것인데 여자에게 군대 다녀온 남자들이 야박하게 굴면 쓰겠냐고 해보았지만, 돌아오는 건 엄청난 비난의 화살뿐이었습니다. 그때 느낀 것이지만 병역 문제는 논리의 문제가 아니라 감정의 문제에 가까웠습니다.

유력한 후보로 세 번이나 대통령 선거에 나오고서도 고배를 마신 이회창 씨의 패배 원인은 무엇보다 아들 둘을 석연치 않은 이유로 군대에 보내지 않았다는 데에 있을 것입니다. 여하한 이유를 들어 변명도 하고 해명도 했지만 국민들을 설득하지 못한 것은 바로 병역 문제가 국민들에게 민감한 사안이었기 때문일 것입니다. 비슷한 사례로 가수 유승준 씨를 들 수 있습니다. 유승준 씨는 독실한 기독교 신자로 저 같은 나일론 신자와는 비교할 수 없을 정도로 좋은 일을 많이 하며 산다고 합니다. 국내에서 활동할 때도 사회복지 단체에 기부를 많이 했는데, 국내에서 자의 반 타의 반으로 쫓겨난 지금도 후원을 멈추지 않고 있다고 합니다. 그런 유승준도 병역을 피하기 위하여 미국 국적을 취득하는 순간 '스티브 유'라는 조롱 섞인 호칭을 얻으며 국내의 기반을 모두 잃고 말았습니다. 병역의무가 우리나라에서 절대 건드리면 안 되는 부분이었기 때문입니다.

가끔 학생들에게 양심적 병역거부에 대한 의견을 묻곤 합니다. 논쟁을 하려는 것이 아니라 그저 어린 세대의 생각을 들어 보고 싶어서인데, 대체로 이 문제에 정서적 거부감을 갖고 있음을 확인하게 됩니다.

"군대에 가기 싫어서 종교를 믿으면 어떻게 해요?"
"군대에 안 가면 나라는 누가 지켜요."

성인에게서도 종종 이런 대답을 듣는데, 그럴 때마다 저는 '우리나라 사람들은 애국심이 너무 강해서 탈이지 않을까' 하는 생각을 합니다. 어쩌면 애국심이 강하다기보다는 자신의 의견에 대한 확신이 너무 강한 것인지도 모릅니다. 그러나 다행히 이 사안에 대하여 학생들을 설득하기는 그리 어렵지 않습니다. 양심적 병역거부를 인정하는 나라에 안보 문제가 전혀 없다는 사실과 대체복무라는 제도를 통해 병역거부자들이 더 힘든 일을 하게 된다는 배경을 설명하면 학생들은 대부분 끄덕끄덕 합니다.

그러나 이런 방법은 여성이나 아직 군대에 다녀오지 않은 남성들에게나 먹히는 이야기입니다. 만일 군대에 다녀온 사람들에게 이런 논리로 접근하면, 아예 논리고 뭐고 필요없게 분위기가 격해집니다. 양심적 병역거부에 대해 비판적인 사람들이 최후로 도발해 오는 말이 있는데, 바로 '적이 너의 애비 애미를 죽여도 총을 뽑지 않겠느냐'라는 질문입니다. 사실 이는 논리로 해결하겠다는 의도가 아닙니다. 그저 상대방에게 덫을 놓아 빠져나가지 못하게 하겠다는 낮은 수준의 작전일 뿐입니다. 아무리 '그런 설정 자체가 잘못이다, 잘못된 전제를 바탕에 둔 질문이다'라고 설득해 봤자 소용이 없습니다. 왜냐하면 군대를 다녀온 사람에게는 군대에 대한 안 좋은 기억이 양심적 병역거부자에게 투사되기 때문입니다.

이런 상황이 양심적 병역거부자를 사회적으로 받아들이기 어렵게 한다고 생각합니다. '나는 갔다 왔는데 누가 감히 군대를 가지 않겠다는 것이냐'라는 일종의 보상심리라고도 할 수 있습니다. 이럴 때 참 말하기 뭐한 것이 제가 제일 힘든 군대에 갔다 왔으면 논리에 힘이 실릴 텐데, "그래도 편하게 다녀온 케이스라 저런다"라는 소릴 들을까 봐 주저되는 마음이 한편으로 있습니다.

사실 한국 정도의 경제규모에 민주화의 진전 속도를 감안하면 양심적 병역거부가 진작 인정되었어야 합니다. 물론 분단국가라는 현실도 감안해야 하겠지만, 전 세계적인 추세와 헌법에 보장되어 있는 양심의 자유라는 규정에 비춰 봤을 때 양심적 병역거부의 인정은 시기의 문제이지 분명 곧 실현될 것입니다. 영국은 양심적 병역거부를 인정한 지 벌써 100년이 되었고, 분단국가라는 점에서 우리와 처지가 비슷한 대만도 2000년부터 양심적 병역거부를 인정하고 있습니다. 반대하는 측에서도 그 주된 이유가 '시기상조이기 때문'이라는 것만 보아도 양심적 병역거부가 충분한 정당성을 가지고 있음을 알 수 있습니다. 시기상조란 너무 빨라서 문제이지 정당성 자체를 부정하는 것은 아니기 때문입니다.

무엇보다 연간 700~800명의 젊은이들을 전과자로 만드는 것은 국가 차원에서도 결코 보탬이 되지 않습니다. 과거에는 병역거부자들에게 병역의무보다 긴 기간의 징역형을 선고했는데, 요즘은 18개월의 형을 선고하는 것이 관행이 되었다고 합니다. 18개월의 기준은 바로 병역면제 조건으로 인정이 되는 법정 수형 기간입니다. 즉 18개월의 징역을 살면 병역이 면제되는데, 법원에서는 이 기준으로 실형을 선고하고 있는 것입니다.

양심적 병역거부를 국가적 차원에서 제도화시키는 정책을 대체복무제라고 합니다. 다행히 정부는 2007년 9월 18일 대체복무제를 도입하기로 했다고 발표했습니다. 대체복무란 양심적 병역거부자들이 군 복무 대신에 사회봉사 활동을 하면서 의무복무를 마치는 것을 말합니다. 현역 복무 기간이 약 18개월 정도로 짧아질 것으로 예상되는 가운데, 대체복무 기간은 36개월 정도로 알려졌습니다. 복무지도 현역보다 노동 강도가 센 치매노인 요양소나 전남 소록도의 한센병원 같은 곳이 될 것입니다. 복무 기간이 긴 것에 대하여 양심적 병역거부를 지지하는 사람들의 불만이 있기는 하나, 첫 술에 배부를 수 없다고 대부분 환영하는 분위기라고 합니다.

분노하지 마, 그것도 권리야

혹자들은 양심적 병역거부를 비양심적 병역기피라고 오해하곤 합니다. "병역의무를 이행하기 싫어 여호와의 증인의 신도가 되면 어떻게 하냐"고 비난하는 기독교인들도 많이 보았습니다. 그러나 합리적으로 생각하면 군대보다 더 힘든 곳에서 2배나 긴 기간 동안 근무하기 위하여 대체복무를 지원할 사람은 없을 것입니다. 더구나 마음에 맞지 않으면 가장 힘든 것이 종교생활인데, 단지 병역을 면하기 위하여 여호와의 증인의 신도가 될 것이라는 생각은 억측에 불과합니다. 대체복무제가 도입되어 있는 국가들을 살펴봐도 안보에 위해가 될 정도로 병역기피자들이 증가했다는 수치는 발표된 바 없습니다.

앞에서도 이야기했지만 양심적 병역거부를 인정하는 것은 논리보다는 감정의 문제입니다. 이를 인정한다고 해서 국가 안보에 위협이 된다거나 병역의무를 이행하는 남성들의 복무 기간이 늘어나는 피해는 전혀 없다고 보아도 무방합니다. 이미 병역특례 등 여러 제도를 통해서 체육인이나 문화예술인, 의사, 이공계 박사들, 산업체 근로자, 해외봉사요원들이 병역을 면제받고 있습니다. 어차피 병역을 거부할 양심적 병역거부자들을 근무 여건이 어려운 곳에서 봉사하게 한다면, 오히려 인적 관리의 측면에서 국가에 이익이 될 것입니다.

감정의 문제를 해결하기 위해서는 부유층이나 사회 지도층 인사들이 솔선수범하여 병역의 의무를 잘 이행하는 문화가 정착되어야 합니다. 방위병 제도가 존재할 때 이런 말도 있었다고 합니다. '18방은 사람의 아들, 6방은 장군의 아들, 면제는 신의 아들, 그리고 현역은 어둠의 자식들이다.' 강남에서 현역 판정을 받으면 엄마가 계모라는 우스개도 있었습니다. 현역 판정을 받은 저에게 어머니가 이야기를 하시면서 조금 미안한 표정을 짓기도 하셨습니다.

객관적으로 보기에 우리 병무행정은 나름대로 투명하고 깨끗하다고 생각합니다. 일부 법의 허점을 이용하는 사람이 있기는 하지만, 전체적으로 봤을 때 큰 문제는 없어 보입니다. 문제는 오히려 군 입대 후입니다. 이른바 '빽'이 있는 장병들은 이런 저런 이유로 좋은 보직을 맡게 되는 경우가 많습니다. 집안에 빽이라곤 찾아볼 수 없는 저야 그냥저냥 되는 대로였지만, 공군 장교들이 부대 배치를 받거나 이동을 할 때 온갖 빽들이 난무하는 것을 저는 실제로 보았습니다. 좋은 집안의 자제들이 많아서 그런지 어지간한 빽은 또 다른 빽에 밀리기도 하였습니다. 한 유학파 출신의 공군 장교가 빽을 동원하여 국방부로 들어가려다가 전직 국무총리 아들에게 밀려 좌절한 사례도 있습니다. 빽을 쓴 사람이 다른 빽에 밀리면 "저 새끼 빽 썼다"라고 뒷담화를 하기도 합니다. 그 사람도 빽을 쓴 터라 별로 억울해할 것도 없어 보이는데 말입니다. 제가 근무하는 부서에는 고검장의 아들이 배치되어 왔는데, 참모차장이 직접 전화를 걸어 그 사람을 어느 부대에 배치할지 상의하기도 했습니다. 공군 내에서 서열 2위의 자리에 있는 참모차장이 일개 소위의 인사문제에 개입한 것입니다. 다행히 고검장의 아들이란 사람이 스스로 빽을 쓰지 않고 남들이 가기 싫어하는 부대에 자원하여 큰 문제를 일으키지는 않았지만, '알아서 기는' 군대 조직을 보면서 마음이 씁쓸하지 않을 수 없었습니다. 저야 군에서 별로 고생을 하지 않았으니 이런 사실을 겪고도 군에 대한 큰 불만을 갖지는 않았습니다. 그러나 온갖 인권 침해를 견뎌낸 사람은 군에 대한 기억이 좋을 리가 없고, 군대를 어떤 방법으로든 면제시키는 제도에 대하여 극도의 불신감을 갖고 있습니다. 군복무 가산점으로 인한 여성들의 피해나 양심적 병역거부자에 대한 이해가 부족한 것도 모두 여기에 기인한다고 봅니다.

저는 모든 사회 시스템이 정상적으로 돌아가야 억울한 피해를 당하는 사람이 없어진다고 생각합니다. 우리는 혹시 국가가 짊어져야 할 책임과 문제들을 여성이나 양심적 병역거부자 등 이 땅의 소수자에게 전가하고 있는 것이 아닐까요? 군이 보다 합리적으로 운영되고 병사들에 대한 인권 보장이 잘 이루어지며, 부유층이나 권세를 가진 집안의 자녀들이 앞장서서 어려운 환경의 보직을 맡고 나선다면 군에 대한 부정적 인식은 점차 사라질 것입니다. 영국의 왕세자가 헬기를 몰고 전장에 나가고, 중국의 마오쩌둥 아들이 한국전에서 전사했다는 이야기를 우리나라에서도 들을 수 있게 된다면, 군을 둘러싼 문제는 자연스럽게 해결되리라 믿습니다.

병역의 의무를 거부한 사람들, 세계는 어떻게 보는가?

'군복무를 하는 사람은 비양심적인 사람이라는 말인가? 의무를 지키지 않는 국민이 어떻게 권리를 주장할 수 있는가? 병역거부는 이단 종교를 믿는 사람들이나 하는 것이 아닌가? 내 일가가 죽어가는데도 양심 타령이나 할 수 있는가?' 우리나라 사람들이 양심적 병역거부자들을 두고 흔히 쏟아내는 비난의 내용이다. 그렇다면 세계는 양심적 병역거부자들을 어떤 시선으로 보고 있을까?

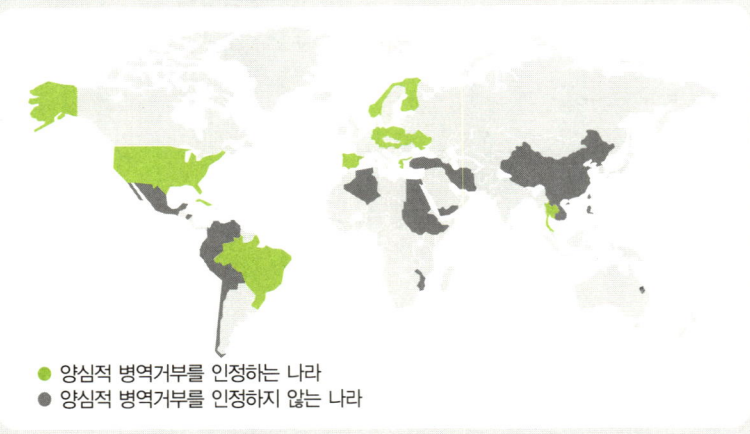

● 양심적 병역거부를 인정하는 나라
● 양심적 병역거부를 인정하지 않는 나라

징병제를 실시하고 있는 나라 중에 양심적 병역거부를 인정하는 나라 이름을 열거하자면, 미국, 독일, 덴마크, 오스트리아, 스페인, 포르투갈, 노르웨이, 핀란드, 리투아니아, 불가리아, 에스토니아, 폴란드, 브라질, 그리스, 러시아, 쿠바, 우크라이나, 라트비아, 대만 등이다. 이중 대만은 북한과 분단된 우리나라와 비슷하게 중국과 대치 중이다. 양심적 병역거부를 인정하지 않는 나라는 북한, 중국, 싱가포르, 캄보디아, 필리핀, 베트남, 터키, 수단, 에티오피아, 예멘, 이

집트, 이란, 알바니아, 알제리, 볼리비아, 에콰도르, 베네수엘라, 칠레, 콜롬비아, 페루, 온두라스, 멕시코, 모잠비크 등이다. 다음은 미국, 독일, 프랑스의 양심적 병역거부 관련법 내용이다.

미국

1973년 이후로 모병제 실시. 다만 18세부터 25세의 미국 남성은 정부에 등록해야 하나 등록을 하지 않았다고 해서 처벌은 없다. 사실상 양심에 따른 병역거부 문제가 발생하지 않는다.

독일

독일 헌법에는 '누구든지 양심에 반하여 무기를 들고 전쟁에 복무할 것을 강요받지 아니한다'라고 규정되어 있다. 사유도 거의 무제한적이라 본인이 양심에 따른 병역거부자라고 주장하면 이를 무조건 인정해 준다.

프랑스

1963년 처음으로 양심에 따른 병역거부를 인정했다. 특기할 만한 점은 양심적 병역거부를 인정하는 법안을 입법하기로 결단한 이가 대표적 골수 보수파인 샤를 드골 대통령이었다는 것. 우리나라에서는 보수적 집단이 양심적 병역거부를 극도로 반대하는 경향에 비추어 볼 때, 생각해 볼 만한 문제다.

몇 나라만을 예로 들었지만, 서구 유럽은 대부분 양심적 병역거부를 인정하고 있다. 심지어 옛 소련의 후신인 러시아와 공산국가로서 미국과 대치 중인 쿠바도 양심적 병역거부를 인정하고 있다.

7장

광고야, 집을 욕되게 하지 마

주거권

사람이 살 만한 집에서 살 권리.
이를 보장하기 위해 정해진 법령은 없으나
기본적인 인권의 하나로서 그 개념이 정립되어 가고 있다.

우리를 슬프게 하는 TV 광고

가끔 TV를 보면서 기분이 나빠질 때가 있습니다. 특히 CF는 자본주의의 적나라한 이기심과 천박한 상업주의를 숨김없이 보여 줄 때가 많습니다. 10여 년 전에는 주로 자동차 광고가 저의 심기를 건드렸습니다. 고급 승용차 광고였던 것으로 기억하는데, 광고 문구가 대충 '정상에 계신 귀하를 위한 승용차', 이런 내용이었습니다. 고급 승용차는커녕 덜덜거리는 중고차 한 대 살 형편도 안 되던 저는 마치 생존경쟁에서 밀린 사람 취급을 받는 기분이었습니다. 지금이야 고급은 아니더라도 식구들을 위한 자가용 한 대는 가지고 있으니 자동차 광고에 별로 신경을 쓰지 않습니다. 제가 원래 옷이 따뜻하기만 하면 디자인을 별로 안 가리고, 차는 굴러가기만 하면 세차도 잘 안 하는 편이기 때문입니다. 아마도 이런 모습 때문에 제가 강남 8학군 출신인데도 컨추리틱(?)하게 보이는지도 모르겠습니다. 그런데 요즘 저의 신경을 날카롭게 하는 광고가 생겼습니다. 한 아파트 광고인데 문구 한번 보십시오.

당신이 사는 곳이 당신이 누구인가를 말해 줍니다.

사는 곳이 사람을 말해 준다는 발상은 천박한 상업주의가 아니라면 도저히 입에 담을 수 없는 말일 것입니다. 이 광고 카피를 들으면서 제 입에서는 "한국의 자본주의가 최소한의 부끄러움마저 잊어버렸구나" 하는 탄식이 흘러나왔습니다. 안 그래도 아파트는 투기의 대명사로 한국인을 모두 투기꾼으로 몰아가는 기제로 작용하고 있는데, 아파트 광고가 한 술 더 떠서 인간 정체성의 문제까지 건드리고 있는 것입니다.

아파트에 브랜드명이 붙기 시작한 것은 그리 오래된 일이 아닙니다. 삼성물산이 2000년 3월부터 짓기 시작한 아파트에 '래미안'이란 이름을 붙이면서 브랜드 아파트가 붐을 일으키기 시작했습니다. 같은 아파트라도 브랜드에 따라서 가격 차이가 난다니, 이제 아파트는 살기 편한지만 따져야 하는 것이 아니라, 이름까지 신경 써야 하는 시대가 된 것 같습니다.

브랜드 아파트가 인기를 끌면서 웃지 못할 희극도 많이 생기고 있습니다. 브랜드가 생기기 전에 지어진 아파트들이 문제였습니다. 동부건설이 지은 옛날 아파트는 동부아파트고, 요즘 짓는 아파트는 동부 센트레빌입니다. 그런데 기존 아파트들이 도색을 새로 하면서, 동부아파트를 지우고 동부 센트레빌로 이름을 바꿔서 그려 놓았습니다. 마치 옛날에 나온 소나타 승용차를 도색하면서 EF Sonata로 새 마크를 다는 것과 똑같은 일이 벌어지고 있는 것입니다. 물론 건설회사에서는 이미지 관리를 위해 이를 엄격히 금지하고 있지만, 자기들 돈으로 도색을 해서 바꾸는 것까지 어쩌지는 못한다고 합니다.

반대의 경우도 있습니다. 강남의 대표적인 부촌 아파트인 압구정동 현대아파트는 시공사인 현대산업개발에서 자사 브랜드인 현대 I-Park로 도색을 하려 했지만, 입주민들이 거절했다고 합니다. 강남 대표 아파트에 자사 브랜드를 심어 광고 효과를 얻는 것이 회사 측의 의도였는데, 입주민 입장에서는 '압구정동 현대아파트'가 그 어떤 브랜드보다 명성이 높으니 굳이 바꿀 필요가 없었던 것입니다.

우리의 성城, 그들의 슬럼가

외국인들이 보기에는 이런 현상들이 참 이상한가 봅니다. 어떤 외국인은 비싼 현대아파트를 보면서 도시의 슬럼가냐고 물어봤다고 합니다. 롯데 캐슬아파트에 살다가 외국 유학을 간 학생이 장학금을 신청하려고 우리나라 주소를 댔더니 '캐슬Castle'에 산다고 장학금 수여를 거부당했다는 믿거나 말거나 식의 이야기가 떠돌기도 합니다. 우리나라 강남의 집값을 다 합하면 미국 땅 얼마를 살 수 있다는 등의 이야기도 전부 우리의 기형적인 부동산 시장을 두고 조롱하며 떠드는 이야기일 것입니다.

　그러나 저의 마음을 진정 아프게 하는 것은 '당신이 사는 곳이 당신이 누구인가를 말해' 주는 것이 사실이라는 데 있습니다.

　매년 신학년 신학기가 시작되어 담임을 맡고 제일 먼저 하는 일이 학생들의 환경조사서를 받는 것입니다. 학생들의 주거환경은 아파트에 사느냐와 주택에 사느냐로 구분이 됩니다. 여기서 말하는 주택은 다세대나 다가구 주택으로 가끔 가정방문을 가면 너무 열악한 주거환경 때문에 뜨악할 때도 있습니다. 학교에 상담을 하러 오는 학부모들도 주로 아파트에 사는 부모들이지, 다세대나 다가구 주택에 사시는 학부모들은 맞벌이를 하느라 학교에 나올 시간적 여력이 없는 경우가 대부분이었습니다. 그러나 뭐니뭐니 해도 '당신이 사는 곳이 당신이 누구인가를 말해' 준다는 사실을 가장 잘 알고 있는 곳은 은행입니다. 전세자금 문제로 은행에 대출 신청을 하러 갔을 때의 일입니다. 창구 직원이 저에게 지금 사는 곳이 아파트인지 단독 주택인지를 물어보더군요. 저는 돈을 빌리는데 왜 아파트를 따지냐고 되물었습니다. 그러자 아파트에 사는 사람들이 신용도가 높아 이율 계산과 융자 여부에 영향을 미친다는 대답이 돌아왔습니다.

　저는 초중고를 강남에서만 다녔고, 교사 생활은 경기도 하남에서만 했습니다. 강남과 하남은 같은 '남'자가 붙었어도 도시의 이미지가 전혀 다르고, 생활면에서도 여러 모로 비교가 됩니다. 하남은 이전에 서울에서 밀려난 저소득층이 많이 살았다고 하는데, 요즘은 아파트 건설이 많이 이루어지면서 중산층이 많이 진입하여 도시구조가 이원화되는 경향을 보이고 있습니다. 싼 월세방이 밀집되어 있는 지역을 재개발하여 아파트촌으로 바꾼다고 하니, 앞으로 강남만큼은 아니어도 도시 이미지가 많이 바뀔 것 같습니다. 그래서 저는 '지금 이곳에 사는 저소득층 주민들은 또 어디로 떠밀리게 될까'라는 오지랖 넓은 걱정을 하게 됩니다.

저는 초임 발령을 받고 바로 부모님으로부터 독립해 하남으로 이사와 6년째 살고 있는데, 이사를 하기 전에 집이 둘 다 강남 방향이어 친해진 미혼 여선생님이 저에게 이런 충고를 해주었습니다. 그때만 해도 아직 총각이었던지라 "선생님, 아직 총각이신데 어지간하면 결혼하시기 전까지는 그대로 강남에 있으세요" 하시는 겁니다. 아무리 아니라고 해도 강남에 산다는 것이 여자들 눈에는 달리 보인다는 것이 요지였습니다. 그리고 미처 제가 깨닫지 못한 것도 지적해 주었습니다. 차 번호판도 하나의 상징이 될 수 있다는 것이었습니다. 당시 제 차량 번호는 서울 52로 시작되었는데, 그 번호가 '내가 사는 곳이 강남'이란 것을 설명해 주고 있다는 것입니다. 그러나 저는 그 선생님의 충고를 무시해 버렸습니다. 제 차가 고급이라면 모르겠지만 고물차가 강남 번호판을 단다고 고급 차가 되는 것도 아니고, 제가 정말로 잘 산다면 강남에 살든 하남에 살든 별 상관이 없는 것이지요. 게다가 실제로 그리 잘 사는 편도 아니니 이러나저러나 상관이 없다는 생각이었습니다. 그리고 무엇보다 저는 출퇴근 시간이 오래 걸리는 것을 무척 싫어합니다. 강남에서 하남까지는 차가 막히지 않아 30분이면 족히 출근할 수 있긴 했지만, 아침의 30분이 제 삶의 질을 좌우할 수도 있다고 생각했습니다. 그래서 미련없이 서울 52 번호판을 버리고 경기도 번호판을 달았습니다. 참고로 요즘은 자동차 번호판 체계가 바뀌어서, '차 번호판이 당신이 사는 곳을 말해' 주는 일은 없습니다.

그렇지만 아파트는 여전히 우리가 누구인지를, 정확히 말하면 '어느 수준으로 사는지'를 끊임없이 상기시켜 주고 있습니다. 심지어는 이런 일도 있었다고 합니다. 동부건설이 아파트를 짓는데, 임대 아파트는 그냥 동부아파트로, 분양 아파트는 동부 센트레빌이라고 명명한 것입니다. 덕분에 그 지역에서는 어느 아파트에 사는지만 들어도 경제 수준을 바로 알아챌 수 있습니다. 사람들의 마음이 얼마나 강퍅해졌는지, 분양 아파트 주민들이 임대 아파트 주민들과 섞이기 싫다고 담을 치는 경우도 있다고 합니다. 그래서 요즘은 아파트를 지을 때 분양 아파트에 임대 아파트의 동을 섞어서 짓기도* 한다고 합니다. 아예 사회적인 구분선을 없애기 위한 시도라고 할 수 있습니다. 그러나 마음에 있는 구분선마저 그렇게 지울 수 있을지는 잘 모르겠습니다.

아파트는 한국형 자본주의의 발달을 상징적으로 보여 주는 상품입니다. 아파트 분양 현장에 몰려드는 사람들을 보고 있노라면, 1970년대에 고도성장을 이끈 무서운 기세를 느끼기도 합니다. 이같은 에너지가 있었기 때문에 '한강의 기적'이 가능했겠지만, 숨 가쁘

---

* 사회적 혼합social mix 임대 주택과 분양 주택을 같은 단지에 섞어서 짓는 정책을 사회적 혼합이라고 한다. 저소득층이 밀집하여 도시의 슬럼이 되는 것을 방지하기 위함이다. 그러나 물리적인 거리를 가깝게 한다고 심리적인 거리까지 가까워질지는 의문이다.

게 달려왔으니 이제는 숨을 고르고 자신을 돌아보아야 할 때도 되지 않았을까요?

주거에 대한 성찰을 제기한 소설이 하나 있습니다. 1978년에 조세희가 쓴 『난장이가 쏘아 올린 작은 공(이하 『난쏘공』)』이라는 소설입니다. 이 책은 1980년대와 1990년대 초까지 운동권 학생들의 필독서 목록에 올라 있었습니다. 재개발 사업이 이루어지는 철거 지역의 주민들을 주인공으로 하여, 고단한 도시 빈민의 삶을 잘 보여준 소설입니다.

소설의 배경이 되었던 판자촌은 지금은 많이 없어졌지만, 당시에는 도시 빈민을 상징하는 대표적인 공간이었습니다. 1960년대 이후 벌어진 한국의 산업화는 농촌 공동체를 급속하게 해체시켰고, 대도시로의 인구 집중을 불러왔습니다. 농촌에서 도시로 이주한 이들은 도시의 저임금 노동자가 되었고, 바로 이런 이들의 주거 공간이 판자촌이었습니다. 그러나 판자촌은 언제나 철거와 재개발의 대상이었습니다. 이들은 점차 시 외곽으로 쫓겨났습니다. 이러한 한국 사회의 어두운 면을 적나라하게 묘사한 소설이 『난쏘공』이었던 겁니다. 제가 교사가 되어 학교로 돌아와 세상의 변화를 실감했던 것 중에 하나가 바로 이 소설이 운동권 소설에서 국어시간에 등장하는 소설로 바뀐 것이었습니다.

소설은 난쟁이 아버지를 가장으로 둔 판자촌 가정에 철거 계고장이 날아들면서 시작됩니다. 재개발 사업이 시작되면서 난쟁이 아버지에게 아파트 입주권이 주어지지만, 돈이 없는 도시 빈민에게는 그림의 떡일 수밖에 없었습니다. 그래서 결국은 돈 많은 사람에게 입주권을 팔아야 했습니다. 그러나 그 돈으로 전셋값을 갚고 나니 남는 돈이 없었고, 도시 빈민의 불행한 삶은 가족 하나하나에게 대물림됩니다. 딸은 투기업자에게 순결을 빼앗기고, 아버지는 몸을 다쳐 직장을 잃게 되고, 형제들은 몇 달 간격으로 학교를 그만둡니다. 비극은 난쟁이 아버지가 벽돌 공장 굴뚝에서 자살하는 것으로 끝이 납니다.

한국 아파트에는 이러한 철거의 역사가 고스란히 남아 있습니다. 우리 현대사에 기록되어 있는 '광주대단지사건'은 이런 아픔의 정점이었다고 할 수 있습니다. 백과사전에는 '1971년 8월 10일 하루 동안 경기도 광주군(지금의 경기도 성남시) 신개발지역주민 수만 명이 공권력을 해체시킨 채 도시를 점거했던 사건'으로 설명되어 있습니다. 정부가 철거민들에게 과중한 세금을 부과하고, 생계수단을 마련해 달라는 사람들의 요구를 묵살하면서 불거진 이 사건은 도시 빈민의 문제가 한국 사회에 전면화된 계기였습니다.

오늘날 영구 임대 아파트 주민들은 과거 철거민들의 후예라고 할 수 있습니다. 분양 아파트 주민들이 임대 아파트 주민들과 섞이기 싫어하는 것은 계층적으로 이들과 한 묶음이 되기 싫다는 심리입니다. 어쩌면 임대 아파트에라도 사는 사람들은 사정이 괜찮은 편인지도 모르겠습니다. 하루 일수 찍듯이 돈을 내고 기거하는 쪽방과 판자촌이 아직도 존재하는 삶을 본다면, 영구 임대 아파트 주민의 삶은 그나마 좋아 보입니다. 실제로 강남의 타워팰리스가 보이는 곳에는 구룡마을이라는 판자촌이 아직도 남아 있습니다. 하지만 이곳도 머지않아 『난쏘공』의 판자촌처럼 재개발될 날만 기다리고 있다고 합니다.

　사람들은 재개발해서 아파트 짓는 것을 좋아하지만, 돈이 없어 갈 곳 없는 사람에게 재개발은 반가운 일이 아닙니다. 허름하나마 자기 소유로 된 집을 갖고 있던 사람은 그 집의 재산가치가 상승하지만, 그저 터만 잡고 사는 사람에게 재개발이란 따라가지도 못할 주거비용의 상승을 뜻할 뿐이기 때문입니다.

　제가 사는 하남지역도 도심 재개발 계획이 진행 중입니다. 작년 크리스마스에는 교육관련 시민단체에서 주최하는 저소득층 어린이를 위한 일일산타 활동을 한 적이 있습니다. 성탄절을 기쁘게 보내지 못하는 아이들을 위하여 캐럴도 불러주고 선물도 전달하는 일이었는데, 그때 살펴본 주택의 주거환경은 열악하기 이를 데 없었습니다. 대여섯 평 남짓한 지하 방에서 사는 이들도 많았고, 밤 열시가 넘었는데 일 나간 부모는 들어오지 않고 아이들만 있는 집도 수두룩하였습니다. 가난은 병도 대물림하는지 할머니와 아이들만 있던 집들을 보면 건강한 가족을 찾기가 어려울 지경이었습니다.

　재개발 계획이 무난히 수립되고 나면 이 지역도 사람들이 선호하는 아파트 단지로 변할 것입니다. 그리고 이곳에 살던 사람들은 또 어디론가 싼 곳을 찾아서 이주하겠지요. 다행히 시공사가 의무적으로 지어야 하는 임대 아파트에 들어가면 사정이 나아질지도 모르지만, 많은 빈민들이 다달이 내야하는 임대료와 관리비도 부담스러워 입주를 포기한다고 합니다. 이것이 우리가 그토록 선호하는 아파트의 이면입니다.

저는 우리나라에서 아파트가 대표적인 주거 공간이 된 것은 자본주의적 허영과 밀접히 관련맺고 있다고 생각합니다. 이는 브랜드 아파트가 인기를 끌고 있는 현상에서 잘 알 수 있습니다. 한국 최고의 아파트가 된 타워팰리스는 타워와 팰리스의 합성어입니다. 궁전도 모자라 타워까지 붙였으니 얼마나 좋은 아파트란 뜻입니까? 얼마 전 석촌호수 근처에 지어진 아파트 이름은 레이크팰리스입니다. 호숫가에 있는 궁전이니 이는 또 얼마나 환상적입니까?

집 가지고 장난 치는 사람에게 분노한다

앞에서도 말했지만, 저는 유명 브랜드를 붙여서 교환가치*를 높이는 자본주의적 상품 전략에 맞지 않는 인간입니다. 물론 브랜드 상품들은 브랜드가 붙어 있지 않은 상품보다 실제로 질을 약간 더 좋게 만듭니다. 그래서 브랜드로 인한 거품이 얼마인지를 알 수 없도록 하는 것입니다. 가격의 거품에는 여러 가지 요인이 작용할 것입니다. 백화점을 예로 들어 보죠. 입구에서부터 어여쁜 아가씨들이 각을 잰 듯 45도로 인사를 하고, 주차장 안내도 친절하게 해줍니다. 할인점이나 시장의 주차장에 들어갈 때 남자 아르바이트생의 굵은

* * *

*교환가치│ 경제학의 아버지라 불리는 애덤 스미스가 국부론에서 설명한 개념. 스미스는 가치에 사용가치와 교환가치라는 두 가지 개념이 들어가 있음에 주목하였다. 물은 인간에겐 없어서는 안 될 만큼 사용가치가 높지만, 교환가치는 별로 높지 않다. 반면 다이아몬드는 교환가치는 높지만, 사용가치는 높지 않다. 교환가치와 사용가치를 구분할 줄 모르면, 사막에서 길을 잃고 헤맬 때 다이아몬드를 얻기 위해 생수 한 통을 내어 주는 우를 범할 수 있다.

목소리보다 아가씨들의 친절한 안내 멘트가 더 기분 좋기도 합니다. 그러나 잊지 말아야 할 것은 우리가 지불하는 상품 가격에 이 아가씨의 미소 값이 들어가 있다는 사실입니다.

저는 국내에도 외국 같은 창고형 할인매장이 있었으면 하는 마음을 가지고 있지만, 한국에서는 정착되기가 쉽지 않을 것 같습니다. 외국의 까르푸나 월마트와 같은 선진 유통업체들이 한국 시장에서 자리잡지 못한 이유가 대접받기 좋아하고 편리함을 좇는 한국인들의 쇼핑 습관을 이해하지 못했기 때문이라고 합니다. 저도 이러한 한국인들의 일반적인 쇼핑 습관을 따라가는 축이니 큰 무리는 없는 설명입니다.

그런데 이런 습관이 집에 관한 것일 때는 문제가 훨씬 심각합니다. 우리는 10억이 넘는 강남 아파트의 가치가 진정으로 10억 이상인지 합리적으로 살펴볼 필요가 있습니다. 허영을 빼고 나면 아무도 그만한 값어치가 있다고 객관적으로 인정할 수 없는 아파트 값의 신비는 대한민국 자본주의 특유의 매커니즘이 아니고는 설명할 길이 없습니다.

저는 경기도 하남에 산 덕에 얼마 전 내 집 마련의 좋은 기회를 맞았습니다. 하남풍산지구라고 택지 개발을 하면서 분양 아파트가 쏟아져 나온 것입니다. 마침 분양가 상한제까지 실시된 데다가 하남지역 거주민을 위한 우선 분양도 가능했습니다. 분양가는 3.3제곱미터, 그러니까 한 평당 900만원이었습니다. 분양가 상한제가 적용되지 않은 아파트가 1,200만원이었으니까 단순 시세차익만 300만원이었고 아파트값 상승까지 기대한다면 무조건 청약을 했어야 했습니다. 지금도 다른 지역에서 900만 원대 분양 아파트는 청약 과열현상이 벌어진다고 합니다. 그러나 저는 결국 들어가지 않았습니다. 간단히 말해서 평당 900만 원도 저에게는 버거웠습니다. 30평형대 아파트 가격이 3억을 넘어가는데, 교사 월급으로 어떻게 3억이 넘는 돈을 가지고 있겠습니까? 사람들은 빚을 내라고 했지만, 그것도 몇천만 원 수준일 때 말이지, 억대가 넘는 돈을 빌려서 집을 산다는 것은 저의 상식으로는 불가능한 이야기입니다. 이럴 때 많이 듣는 말이 "일단 저질러라"라는 소리입니다. 뒷감당도 못할 일을 저질러서 성장하는 방식이 과거에는 성공했는지 모르지만, 21세기를 사는 저는 도저히 그런 주먹구구식 저지르기 전략으로 집을 마련할 수 없었습니다. 부동산 중개업자는 자신의 감각을 믿으라며 무조건 사야 한다고 했지만, 저는 사지 않았습니다. 아마도 집이 실거주의 목적을 넘어 투기성을 갖는 것을 싫어하는 제 특유의 감성이 작용했는지도 모르겠습니다.

저는 기본적으로 우리가 살아가야 할 집이 투기의 대상이 되고, 돈을 버는 상품이 되는 것에 반대합니다. 실제로 집이 그런 성격을 가지고 있음을 무시할 수는 없지만, 현실이 그렇다고 해서 그러한 현실이 우리 삶의 준거가 될 수는 없다고 생각합니다. 집이 투기의 대상이 되고 돈벌이의 수단이 되기에는 우리 삶의 질과 직결되는 문제이기 때문입니다.

그릇된 욕망아, 자제를 부탁해

지난 참여정부 5년간 대한민국의 집값은 수직상승하였습니다. 1990년대 초반, 그러니까 노태우 대통령 말기에 있었던 집값 상승기 이후 약 10여 년 만에 찾아온 집값의 대세상승기였습니다. 그때는 전세값 상승으로까지 여파가 이어져 자살하는 가장들이 많았다고 합니다. 그래서 부랴부랴 대책을 세워 만든 것이 분당, 일산, 평촌 등의 1기 신도시였습니다. 신도시의 약발이 다 떨어져 갈 무렵인 참여정부에 와서 두 번째 대세상승이 시작된 것입니다. 그나마 집값에 비하여 전세값 상승은 옛날처럼 두드러지지 않아 가장들의 자살이 눈에 띄지 않은 것이 불행 중 다행이라고 생각합니다. 이처럼 집은 누군가에게는 생존의 문제가 될 수 있습니다. 이것을 수단으로 돈을 벌어 안락한 생활을 누릴 권리는 그 누구에게도 없습니다.

저는 한때 임대 아파트에 들어가 살기로 아내와 결정한 적이 있습니다. 앞에서 이야기했던 풍산택지지구에 임대 아파트 단지가 생긴다는 말을 듣고 말입니다. 관련법을 뒤져봤더니 제가 도시 근로자 평균 소득에 미치지 못하는 돈을 벌고 있어서 임대 아파트 입주 자격이 되었습니다. 그래도 교사라는 안정된 직장을 갖고 있는데, 임대 아파트 입주자격이 될 정도로 소득이 낮다는 것이 신기하기도 했고, 고맙기도 했습니다. 그러나 임대 아파트 분양을 앞둔 지금 자격이 되는 소득 기준점을 넘어 버려 임대 아파트의 꿈은 포기했습니다. 본의 아니게 고3 담임을 맡아서 매일 아침 8시 출근에 밤 10시 퇴근을 했더니 시간 외 수당으로 30만 원가량 월급이 늘고, 수험생을 대상으로 한 보충수업이 많아져 보충 수당이 월에 20만 원 정도 더 붙는 바람에 연수입이 기준점을 넘어 버린 것입니다. 아내하고 저는 월급이 많아져서 좋아해야 하는지, 아니면 임대 아파트에 못 들어가게 되어서 슬퍼해야 하는지 어리둥절해했습니다.

이 글을 쓰고 있는 저 역시 지금 아파트에서 전세로 살고 있습니다. 다행히 은행에서 주거지가 아파트이고, 직업이 교사라고 신용을 잘 평가해 준 덕에 넉넉하게 전세자금을 대출해 주어서 잘 살고 있습니다. 그러나 요 몇 년 사이에 불어닥친 집값 상승 덕에 다음 전세기간이 만료되면 못해도 2천만 원 정도의 전세금은 올려 줘야 할 것 같습니다. 별다른 꿈은 없고 직장이 있는 경기도 중소도시인 하남에서 전셋집이라도 좋으니 안정적으로 살고 싶은 소시민적 생각을 갖고 있는데, 이 소박한 꿈도 유지하기가 참 버겁습니다.

집을 향해 끝없는 욕망을 투여하는 일이 대한민국에서 없어지면 좋겠습니다. '당신이 사는 곳이 당신이 누구인가를 말해' 주는 사회는 대한민국의 슬픈 자화상입니다. 우리가 흔히들 먹는 것 갖고 장난치는 사람은 사람도 아니라는 말을 많이 합니다. 남에게 남은 겉옷 하나를 빼앗아 가는 사람을 우리는 어떻게 보아야 합니까? 지상에 방 한 칸이 제대로 없는 사람에게 아파트 광고의 문구는 막말보다 더한 폭력입니다. 제발 사는 집 가지고 장난하지 않는 사회가 되었으면 좋겠습니다.

마지막으로 아파트 광고 문구들을 모아 보았습니다. 상품을 보는 무심한 눈이 아닌, 생존과 직결되는 주거 문제를 생각하며 이 문구들을 한번 곱씹어 보시기 바랍니다.

세상은 당신이 사는 곳을 동경합니다.
당신이 사는 곳이 당신이 누구인지 말해 줍니다.
집은 당신의 얼굴입니다.
이웃도 자부심입니다.
당신과 비교할 수 있는 것은 당신밖에 없습니다.
브라운스톤에 산다는 것은 명예를 지키며 산다는 자부심입니다.
삶의 높이가 다른 당신, 당신은 클래스입니다.
푸르지오에 산다는 것은 때론 친구들의 시샘을 받을 수도 있습니다.

점거squat운동,
국가는 시민에게 살 곳을 제공할 의무가 있다

> **형법 제36장 '주거침입의 죄'**
>
> **형법 제319조 (주거침입, 퇴거불응)**
> ❶ 사람의 주거, 관리하는 건조물, 선박이나 항공기 또는 점유하는 방실에 침입한 자는 3년 이하의 징역 또는 500만 원 이하의 벌금에 처한다.
> ❷ 전항의 장소에서 퇴거요구를 받고 응하지 아니한 자도 전항의 형과 같다.

squat은 '(남의 땅 또는 공유지에)무단으로 정착하다, 미개간지에 정착하다'라는 뜻을 갖고 있다. 오스트리아 목동들이 허가 없이 남의 초지에 들어가 양의 풀을 먹이던 관습에서 유래한 말로, 산업혁명 이후에 도시로 이주한 노동자들이 귀족들의 빈집에서 사는 것을 가리키는 말이었다. 현대에는 주거권 확보 운동을 뜻하는 말로 쓰이곤 한다. 점거 운동은 도시의 공간 불평등 문제와 연결되어 문화 운동으로 발전했다. 1980년대 초반부터는 유럽의 예술가들이 빈 공간을 점거해 작업실로 사용하면서 '점거 아틀리에'라는 말로도 사용이 되었다고 한다.

이후 점거 운동은 단순한 문화 운동의 차원을 넘어 도시의 공간 문제 중 가장 심각한 주거권 확보 운동으로 영역을 확장했다. 대표적인 사례가 2001년 캐나다에서 있었던 점거 운동이다. 50여 명의 점거자들이 주거공동체를 결성하여, 이들을 공격하는 소방관, 경찰, 언론 등의 사회체제와 맞섰던 사건으로, 주거에 대한 사회 공공성을 일깨워 주었다.

우리나라의 점거 운동

우리나라의 경우에도 특기할 만한 사례가 몇 있다. 문화 운동으로서의 점거 운동으로 '오아시스 프로젝트'가 있다. 오아시스 프로젝트는 2004년 초반에 시작되어 2007년 6월까지 진행된 조직적인 점거 운동이다. 운동가들은 목동예술인회관을 점거하기도 하고, 미술잡지에 10~20평 정도의 공간을 무상으로 분양한다는 코믹성 사기 분양 광고를 내는 등의 활동을 했다. 회관의 소유주인 한국예술인총연합은 발끈했지만, 대표적인 예술단체의 체면은 이 사건을 계기로 구겨질 대로 구겨졌다.

주거권과 관련한 점거 운동으로는 삼일아파트 점거가 있다. 삼일아파트는 청계천에 위치한 재개발 대상 아파트로, 이곳을 노숙인들의 모임인 '더불어 사는 집'이 점거하여 공동체 생활을 꾸려나간 것이다. 이 운동의 시작과 끝은 〈192-339 더불어 사는 집 이야기〉란 제목으로 영화화되어, 2006년 서울독립영화제 대상을 받기도 했다.

문화 운동이자 도시의 주거권 운동인 점거 운동은 우리에게 공간의 의미를 되새기게 한다. 주거가 돈벌이의 수단이 된 한국에서 점거 운동의 존재는 전환점이 될 수 있을 것인가?

8장
다 누리십시오, 심지어 범죄를 저질렀더라도

피의자 인권

피의자가 판결을 받기 전까지
어떠한 가혹행위나 기타 불법한 행위를 받지 않을 권리.

저는 「법과 사회」를 가르치는 교사입니다

저는 고등학교에서 「법과 사회」를 가르치고 있습니다. 「법과 사회」는 제7차 교육과정이 시작된 2002년에 처음 도입된 법 분야 과목입니다. 이전에는 사회 과목에 포함되어 교과서에 일부 이론적인 내용만 있었으나, 「법과 사회」라는 독립 교과목이 신설되면서 체계적인 법 교육이 고등학교 과정에서 이루어지고 있습니다. 이 교과의 목적은 "법치주의를 실현하고 당면한 법적 문제를 해결할 수 있는 법적 사고력과 문제 해결 능력을 갖춘 민주 시민을 기르는 데 있다"라고 제시되어 있습니다. 상당히 기능적인 면을 강조하고 있는 셈입니다.

「법과 사회」 교과목이 도입된 초창기에 많은 사회과 선생님들이 맡기를 꺼려하고 가르치기 힘들어하였습니다. 법이란 것이 사회 교과 내에서도 전문적인 영역이었기 때문입니다. 그런데 저는 이 과목을 맡겠다고 자청하고 나섰습니다. 새로운 분야를 가르치고 싶은 교육적 열정이 있어서라기보다는 개인의 체험이 많이 작용한 결과였습니다.

제 아버지는 소형 트럭을 몰고 다니면서 고물 수집을 하십니다. 아버지가 고생하시며 번 돈으로 편한 대학생활을 누리던 어느 날, 아버지가 경찰서에 계시다는 연락을 받았습니다. 새벽 3시에 트럭을 끌고 나가 남이 버린 쓰레기 틈에서 고물을 수집하시던 아버지가 그만 절도 사건 현장을 지나는 바람에 의심을 받게 되었다는 것입니다.

이런 일이 처음 있는 일도 아니었습니다. 매번 무혐의로 풀려나오시긴 했지만, 잊을 만하면 경찰서를 들락거릴 일이 한두 차례 생기곤 하였습니다. 부랴부랴 경찰서로 달려갔더니 형사는 혐의가 있다는 말만 되풀이하며 아버지를 풀어 주려 하지 않았습니다. 경찰서 유치장에서 온갖 잡범들 틈에 앉아 계신 아버지를 바라보는 아들의 마음이 결코 좋을 리 없었습니다.

후에 알았지만 단지 의심을 받는다는 이유만으로 경찰이 아버지를 그렇게 취급하는 것은 명백한 불법이었습니다. 그러나 당시에 제가 할 수 있는 일은 아무것도 없었습니다. 꼼짝없이 하룻밤을 경찰서 유치장에 계실 뻔했는데, 최후의 수단으로 생각난 것이 이른바 '빽'이었습니다. 그러나 고물상을 하는 아버지를 가장으로 둔 집안에 무슨 변변한 '빽'이 있었겠습니까. 지푸라기라도 잡는다고, 제가 다니는 교회의 목사님이 그 경찰서의 경찰목사로 활동하고 계신 것이 생각났습니다. 곧바로 목사님께 전화를 넣었더니 알아보신다고 말씀하셨습니다. 아버지는 그 '빽'을 쓰고도 밤에 한차례 더 강도 높은 조사를 받은 후에야 무혐의로 풀려났습니다. 그나마 하찮은(?) '빽'으로 하룻밤 유치장 신세를 지는 것만은 면했던 것입니다.

제가 남들이 담당하기 꺼려하는 과목을 맡겠다고 자청한 것은 학생들에게 스스로를 보호할 수 있는 법적 지식을 가르쳐 주고 싶었기 때문입니다. 시대가 변한 탓도 있지만, 지금은 아버지가 그렇게 당한다면 가만히 있지는 않을 것입니다. 구체적인 것은 몰라도 법이 힘없는 소시민을 위하여 여러 가지 장치를 두고 있다는 것을 이제는 알고 있기 때문입니다.

피의자일지라도 누려야 하는 모든 것

「법과 사회」를 가르치면서 학생들에게 형사 사건 피의자가 되었을 때 '묵비권'이라는 것을 행사할 수 있음을 강조하고 있습니다. 대부분의 경우 피의자가 된 사람들은 형사나 검사보다 법적 지식에서 한 수 아래일 수밖에 없습니다. 그러니 어지간하면 침묵을 지키는 것이 어설프게 스스로를 변호하는 것보다 낫습니다. 그리고 반드시 변호사의 도움을 받으라고 이야기하고 있습니다. 「한겨레」 신문에 한 현직 검사*가 이런 이야기를 기고했다가 사표를 쓴 일도 있습니다. 논란의 여지가 전혀 없는 것은 아니지만, 그 검사의 이야기는 법적으로 지극히 당연한 피의자의 권리였습니다.

그런데 수업 시간에 이것을 잘 설명해 줄 수 있는 시사 문제가 터졌습니다. 바로 김승연 한화그룹 회장의 '보복 폭행' 사건입니다. 김승연 회장은 3명의 변호인을 대동하고 밤샘 조사에 나타났다고 합니다. 그것도 이미 두 차례나 출두 요구서를 무시하고 있다가, 체포영장을 발부한다고 하니 마지못해 만반의 준비를 하고 경찰서에 출두한 것입니다. 저는 이 사례를 통해 형사 사건 피의자가 누릴 수 있는 권리를 모두 설명할 작정입니다. 김승연 회장은 이 모든 권리를 하나도 빠짐없이 고스란히 다 누렸습니다.

먼저 '임의 동행 거부'입니다.

김승연 회장의 사례는 서두에 언급한 저희 아버지와 상당히 대조적입니다. 저희 아버지는 출두 요구서도 없이 임의 동행으로 끌려가서 경찰서 유치장에 갇혔습니다. 그러나 재벌그룹 회장은 출두 요구서를 몇 차례 발부받고서, 그것도 체포영장을 발부하겠다는 말을 듣고서야 자기를 변호해 줄 검사 출신 변호사를 셋이나 대동하고 나타났습니다. 불쌍한 우리 아버지는 경찰이 돌아가라는 말을 하지 않으면 집으로 돌아오지 못하는 줄 알고 계셨습니다. 하지만 그것은 사실이 아니었습니다. 아버지에게는 신체의 자유가 있습니다. 따라서 영장이 없는 상태이고 현행범도 아닌 바에야, 수사에는 협조하되 잠을 집에 와서 잘 권리는 분명히 있었던 것입니다. 이 사실을 고물상

• **금태섭** 검사 신분으로 「한겨레」 신문에 '현직 검사가 말하는 수사 제대로 받는 법'이라는 기사를 기고했다가 사실상 '잘렸다'. 본인은 스스로 사표를 제출했으며, 검사 사직은 기고문과 상관이 없다고 밝혔지만, 「한겨레」는 그의 사표 제출이 검찰 내부의 '집단 따돌림' 때문으로 보고 있다. 그가 기고한 글은 '검찰에서 조사받을 때 아무것도 하지 말고 변호인에게 모든 것을 맡겨라'라는 내용이었다. 그는 첫 번째 기고문의 파장이 커지자 10차례 기고문 연재 계획을 접었으며, 검찰 내부에서도 비수사부서인 총무부로 발령받는 사실상의 징계를 받았다.

을 하시는 아버지도, 명색이 사회과학을 공부하는 자식도 모르고 있었던 것입니다.

다음으로 피의자는 '묵비권', 즉 '진술 거부권'을 행사할 수 있습니다.

검찰 조사에서 김승연 회장은 어지간한 것은 '모르쇠'로 일관했다고 합니다. 「오마이뉴스」 기사를 보니 김 회장의 차남은 자신의 휴대폰 전화번호도 모르고, 심지어 그날 같이 있었던 친한 친구가 누군지도 모른다고 대답했다고 합니다. 아마 이쯤 되면 사람들의 속이 부글부글 끓어오를 것입니다. 하지만 이런 것도 피의자의 권리입니다. 만에 하나 혐의가 무죄로 판명날 경우 김승연 회장과 차남이 여론몰이의 희생양이 될 가능성도 있기 때문입니다.

제 아버지는 스스로 변호한답시고 그날 있었던 일을 형사에게 죄다 이야기했다고 합니다. 그러면서 버려져 있는 고철 덩어리를 주워 담은 일을 이야기했더니 경찰은 그걸 트집 잡았습니다. 돈이 되는 물건인데 함부로 주워 담았으니 '점유이탈물 횡령죄'*에 해당된다고 위협하였습니다. 그러면서 자백하면 이 죄는 눈감아 주겠다고 아버지를 회유했다고 합니다. 아버지는 다른 것은 몰라도 정직을 신조로 삼아오신 분이라 "그것이 죄가 된다면 달게 받겠다"라고 말씀하셨다고 합니다. 사실 남이 필요 없어서 버린 물건이라 애초에 죄가 될 성질의 일이 아니었습니다. 낭패스러워 하던 경찰의 얼굴 표정이 지

* **점유이탈물 횡령죄** 간단히 말해 남이 잃어버린 물건을 내가 가지면 이 죄에 해당한다. 법률 용어가 이렇게 쓸데없이 어려운 면이 있다.

금도 생생합니다.

2003년 8월, 한총련 학생들이 미8군 영평종합사격훈련장 안에서 성조기를 불태우며 불법시위를 했습니다. 이 사건 이후 한총련 학생들이 진술 거부권을 행사하자 「조선일보」는 이를 상당히 못마땅해하는 칼럼을 실은 바 있습니다. 아마도 「조선일보」는 "형사상 자기에게 불리한 진술을 강요당하지 아니한다"라는 헌법 조항을 잘 모르고 있었던 모양입니다.

마지막으로 피의자는 '변호인의 조력을 받을 권리'가 있습니다.

진술 거부권과 임의 동행 거부가 소극적인 자기 보호라면, 변호인의 조력을 받을 권리는 적극적인 자기 보호입니다. 김승연 회장은 하나하나 진술하면서 변호사의 눈치를 봤다고 합니다. 특히 가장 형벌이 큰 청계산 사건의 경우 끝까지 변호사를 쳐다보며 '모르쇠'로 일관했다고 합니다. 김 회장의 변호사는 자신이 받는 연봉 이상의 몫을 톡톡히 해낸 것입니다.

제 아버지야 애초에 돈이 없으니 변호사의 도움을 받을 형편도 안 되었지만, 재력을 갖춘 사람도 변호사의 도움을 받지 못한 사례가 허다할 것입니다. 북한 노동당 입당 문제로 구속된 송두율 교수의 경우 검찰 조사 과정에서 변호인 입회를 거부당한 일이 있습니다. 대법원 결정으로 우여곡절 끝에 변호인 입회가 성사되긴 했지만, 이번 김승연 회장의 경우엔 아주 자연스럽게 변호인 입회가 허용되었습니다. 선례가 있어서 그럴 수도 있겠지만, 재벌 회장이 특급 대우를 받았다는 의심을 지우기는 어렵다고 생각합니다.

이쯤 되면 모두들 아실 것입니다. 김승연 회장은 피의자로서 누릴 모든 권리를 100% 누렸습니다. 그래도 보수 언론들은 대그룹 재벌 총수가 받는 인권침해가 못마땅한가 봅니다.

「동아일보」는 2007년 5월 2일자 2면에 청와대가 이 사건에 대하여 부적절한 언급을 하고 구체적인 피의 사실을 언론에 공개했다고 비판하는 기사를 커다랗게 실었습니다. 아마도 철저히 수사하라는 청와대의 지시가 경찰 수사에 대한 부적절한 외압이라고 생각한 모양입니다.

경우에 따라선 그렇게 될 수 있습니다. 가끔 노동자의 파업이나 대학생들의 불법 시위가 있을 때, 대통령이 철저히 수사해서 불법행위가 있으면 법대로 처벌하라고 지시할 때에도 저는 그런 혐의를 느끼곤 합니다. 그러나 이 사건에서 경찰의 초동수사 미비로 대부분의 증거 자료가 소실되어 수사가 어려움을 겪을 지경까지 왔다면, 대통령이 철저한 수사를 지시하는 것은 어떤 의미에서 당연한 의무라고 할 수 있습니다. 그런데 「동아일보」가 이를 비판하고 나선 것입니다. 여기서 반드시 짚고 넘어가야 할 것이 있습니다. 피의자의 권리는 만인에게 공평하게 주어져야 한다는 것입니다. 다른 사건에 대해서는 강조하지 않던 사안을 이 사안에만 강조한다면 형평성에 어긋납니다.

법대로, 교과서대로 삽시다

제가 가르치는 「법과 사회」 교과서의 표지에는 서울 세종로 변호사 회관 앞에 서 있다는 '법의 여신상' 사진이 실려 있습니다. 법의 여신상은 천으로 눈을 가리고 한 손에는 저울을, 다른 손에는 칼을 쥐고 있습니다. 천으로 눈을 가리는 것은 공평무사함을, 저울은 권리 다툼을 공평하게 해결하겠다는 의지를 상징합니다.

임의 동행 거부도, 진술 거부권도, 변호인의 조력을 받을 권리도, 김승연 회장에게만 있어서는 안 됩니다. 고물상을 하시는 제 아버지에게도, 불법 시위를 하는 한총련 학생에게도, 심지어 북한 공산집단을 좋아하는 '빨갱이'에게도 보장되어야 할 인권입니다.

이번 사건을 바라보는 저는 처음부터 저울의 잣대로만 보았습니다. 김승연 회장도 법정에서 최종 판결이 나올 때까지는 무죄 추정을 받아야 할 한 명의 피의자에 불과했기 때문입니다. 결국 김승연 회장은 유죄판결을 받았지만, 집행유예라는 상대적으로 관대한 처벌을 받았습니다. 사회봉사 200시간이라는 조건이 붙기는 하였지만, 재벌 회장이 아니었더라도 이렇게 약한 처벌이 떨어졌을지는 의심스럽습니다.

요 근래 화제가 된 형사 사건 피의자로서 김승연 회장만큼 모든 권리를 인정받은 것을 본 일이 없습니다. 형사 사건으로 화제가 되는 사건들이 어지간하면 죄다 시국사건이거나 천인이 공노할 살인 사건일 경우가 많아서 피의자 인권이 언론에 언급되는 것을 찾아보기 힘들었습니다. 그러나 어떠한 경우든 헌법상 보장되어 있는 피의자의 인권은 보장되어야 한다는 것이 제 생각입니다. 아마 이 생각이 우리 사회가 나아가야 할 방향과 그리 어긋나지는 않을 것입니다.

저는 김승연 회장이 모든 권리를 향유하는 데 커다란 불만이 없습니다. 다만 이러한 원칙이 앞으로 다른 사건에서도 꾸준히 이어지길 바라는 마음입니다. 저는 오늘도 제 아버지와 김승연 회장 사건의 사례를 비교하면서, 법이 나아갈 방향을 학생들에게 가르치고자 합니다.

나는 당신들과 함께 갈 이유가 없다

예기치 않은 일에 휩싸여 경찰이나 검찰 등 수사기관으로부터 의심을 받게 된다면? 그때부터 당장 '피의자' 신분이 된다. 그러나 이러한 사실이 수사기관으로부터 신체의 자유를 침해당할 이유는 되지 않는다. 어떤 경우에도 무죄추정의 원칙에 따라 자신의 의지대로 행동할 수 있기 때문이다. 단, 그러기 위해서는 이러한 상황에서 자신을 보호할 수 있는 제도적 장치들을 잘 알아 두어야 할 것이다.

"함께 경찰서로 가시죠!"

의심만으로 경찰서까지 동행하게 되는 것을 '임의 동행'이라고 한다. 이는 언제나 거부가 가능하다. 끝까지 수사협조를 거부하면 경찰은 법원으로부터 체포영장을 발부 받아 피의자를 체포할 수 있다. 이 영장의 최대 시한은 48시간이다.

구속 수사냐, 불구속 수사냐

48시간 동안 수사를 받았는데도 무혐의 판정을 받지 못하고 계속 수사를 받아야 할 경우, 구속 수사 혹은 불구속 수사를 받게 된다. 어느 쪽인지를 결정하는 기준은 피의자에게 증거인멸이나 도주의 우려가 있는지이다. 구속 수사를 하기 위해서 수사기관은 법원으로부터 영장을 발부받아야 한다. 불구속 수사를 받게 될 경우 필요한 때만 수사기관에 나가서 조사를 받으면 된다.

구속 수사 결정이 났을 경우

수사기관으로부터 구속 영장을 신청했다는 말을 들으면 '구속영장실질심사'를 요청한다. 피의자는 이를 통해 구속영장 발부를 결정하는 판사에게 구속의 부당함을 직접 호소할 수 있다. 이때 구속의 부당함을 강조하는 이유는 자신의 무죄를 주장하기 위해서이기도 하겠지만, 그보다 자신이 도주나 증거인멸의 가능성이 없다는 것을 입증하는 것이 중요하다.

구속 수사를 마쳤는데도 석방되지 않을 경우

구속이 되어 수사가 다 끝났는데도 석방이 되지 않으면 '구속적부심'을 신청할 수 있다. 수사도 끝나고 증거인멸이나 도주의 가능성도 사라졌으므로 이제 석방을 해달라는 뜻이다. 이것이 받아들여지면 자유로운 상태에서 재판을 받을 수 있고, 받아들여지지 않으면 구치소에서 재판을 받게 된다.

구치소에서 재판을 받게 될 경우

구치소에서 재판을 받게 되면 피의자 신분은 피고로 바뀐다. 피고는 재판부에 보석을 신청할 수 있다. 이는 자유로운 상태에서 재판을 받게 해달라는 요청이다. 사안이 경미하거나 징역형이 나올 확률이 적은 경우 등 여러 가지 요소를 감안하여 재판부는 보증금 형식인 보석금을 내게 하고 보석을 허가하는 경우가 있다. 물론 재판은 끝까지 받아야 하지만, 보석으로 나오게 되면 피고는 심리적인 안정을 갖고 재판에 임할 수 있다.

이러한 제도적 장치들은 누구에게나 주어진 권리지만, 그렇다고 무작정 권리 행사를 하는 것이 능사는 아니다. 잘못이 명백하고, 구속 상태가 유지되어야 하는 상황이 분명한데도 이러한 법적 장치를 남용하면 검찰이나 판사로부터 더 엄한 처벌이 내려질 수도 있다.

9장
이토록 스펙터클한 노동 현실

노동기본권
근로자의 인간다운 생활을 보장하기 위해 헌법이 정한 노동권 및 단결권·단체교섭권·단체행동권을 통틀어 일컫는 말.

교직이 신성하다는 데 반대함

노동기본권은 노동권과 노동 3권을 모두 합친 개념입니다. 노동권은 쉽게 말해서 일할 권리를 뜻하고, 노동 3권은 단결권·단체교섭권·단체행동권 이 세 가지를 일컫습니다. 저는 교직에 들어오기 전에 일반 회사를 세 군데 거쳤던 경험이 있어서, 다른 교사들에 비하여 노동기본권에 대한 개념이 잘 다듬어져 있는 편입니다. 사실 교사들은 스스로를 노동자라고 부르는 데 인색합니다. 신성한(?) 교육을 하찮은(?) 육체노동과 비교하는 것에 거부감을 느끼기 때문인 것 같습니다. 그러나 저는 교육을 다른 노동과 비교하여 신성시하는 것에 반대하고 있습니다. 다른 교사들과 의견이 대립할 때도 있지만, 저는 교직이 전문성과 함께 노동직의 성격을 가지고 있다는 의견을 적극적으로 수용하고 있습니다.

대학에서 배우는 '교사론' 강의를 들어 보면 교직을 바라보는 관점에는 세 가지가 있습니다. 첫 번째가 전통적인 성직관, 두 번째가 노동직관, 세 번째가 전문직관입니다. 성직관은 군사부일체라고 해서 스승에 대한 최대의 존중을 표시하는 유교적 문화와 밀접한 관련이 있을 것입니다. 노동직관은 전교조가 출범하면서 한번 된통 곤욕을 치렀던 관점입니다. 어떻게 선생이 노동자일 수 있냐는 극히 보수적인 접근 때문에 논리적인 토론은 아예 시작도 못한 적도 있습니다. 세 번째 전문직관은 교사도 의사나 변호사처럼 전문직의 성격을 가지고 있다는 관점입니다.

교사론 강의의 결론은 성직관과 노동직관을 균형 있게 받아들인 전문직관을 정답으로 할 때가 많습니다. 그러나 실제로 사회에서 교사를 전문직으로 보고 있는가는 별개의 문제인 것 같습니다. 보통 전문직이라고 하면, 비교적 교육 기간이 길고 고소득이며 직업 활동이 자유롭다는 특징을 가지고 있습니다. 누구나 꿈꾸는 직업의 특성들이 바로 이런 것들입니다. 공부를 많이 해서 돈도 많이 벌고 간섭받지 않고 일하기를 꿈꾸지 않는 사람이 어디 있겠습니까? 그러나 교사가 정말 이런 기준에 들어맞는 전문직인지는 의심스럽기 짝이 없습니다. 고학력 인플레이션 현상이 극심한 한국 현실에서 대학만 졸업하면 주어지는 교사 자격증에 교육 기간이 길다는 평가를 붙이기가 애매하고, 경제적인 면에서도 안정적인 공무원이라는 점 이외에는 내세울 것이 없습니다. 게다가 직업 활동의 자유도를 의사나 변호사와 비교한다는 것은 어불성

설입니다.

그나마 전문직과 비슷한 측면이 있음을 인정할 수 있는 부분은 공익에 봉사하는 성격이 강하다는 특징입니다. 대체적으로 변호사나 의사, 교사의 직업 활동은 공익 성격이 강하다고 인정하고 있습니다. 그래서 전문직의 특권을 인정하는 사회적 합의가 이뤄져 있는 것입니다. 그렇지만 교사에 대한 봉사의 성격을 강조하면, 전문직의 성격이 강해지는 것이 아니라 성직으로서의 성격이 강조되는 결과를 가져옵니다.

제가 성직의 성격을 강조하지 않는 이유는 성직관을 강조하면 할수록 교사들의 노동 강도를 높이는 기제로 작용될 때가 많기 때문입니다. 봉사하는 마음으로 하자고 하면서 은근슬쩍 평교사들의 노동 강도를 높이는 것을 저는 많이 봐 왔습니다. 정치인들이 하는 말 중에 '국민을 위하여' 내지는 '국가를 위하여'라는 말에 비견할 수 있는 것이 교사들의 '아이들을 위하여'라는 말입니다. '아이들을 위하여'라는 구실로 어이없는 일들을 교사들에게 강요할 때가 많은 것입니다.

물론 이런 이야기에 기분 나빠하는 선생님들도 계십니다. 감히 정치인들의 거짓말을 교사의 봉사 정신에 비교한다고 말입니다. 그러나 정치인들의 말도 내가 하는 말만큼 진정성이 있다는 것에서 논의가 출발해야 합니다. 사실 '정치' 혹은 '정치인'이란 말은 가치중립적인 용어인데, 마치 부정적인 의미가 들어가 있는 것처럼 혼동하시는 분들이 있어서 말하기가 조심스러울 때가 많습니다. 사석에서 아무리 욕을 해도 상관없는 직업군이 바로 정치인인 것 같은데, 정치인도 하나씩 잡고 물어보면 할 말이 많을 것입니다.

노동은 신성하다

제가 교직의 노동직관을 강조하는 또 다른 이유는 노동을 경시하는 우리 사회의 못된 병폐 때문입니다. 우리는 노동을 천시하는 못된 습관을 가지고 있습니다. "어디서 감히 신성한 교직을 천한 육체노동에 비교하느냐"는 이야기를 들을 때면, 말하는 사람의 몰상식에 할 말을 잃게 됩니다.

보수적인 사람들이 신주단지처럼 모시는 자본주의 체제는 바로 노동의 신성함에 기초해서 탄생했다고 보아야 합니다. 사회학자들은 칼 맑스Karl Marx와 막스 베버Max Weber 계열로 분류할 수 있습니다. 거칠게 나누자면 맑스가 유물론에 기초해서 자본주의 발전을 논의했고, 베버는 프로테스탄트 윤리가 자본주의의 발달을 가져왔다고 주장했습니다. 주로 보수적인 사람들이 베버를 좋아하고, 진보적인 사람들이 맑스를 좋아합니다. 그런데 노동의 중요함에 대해서는 둘 다 공히 인정했는데, 자본주의의 생성을 바라보는 시각에 미묘한 차이가 있습니다. 맑스는 경제결정론적 관점이 큰 데 반해서, 베버는 칼뱅Calvin의 직업소명설이 자본주의 발달에 중요한 역할을 했다고 보고 있습니다. 직업소명설에는 천직 의식, 봉사 정신 등이 들어갑니다. 종교개혁가인 칼뱅이 모든 직업은 하느님의 소명이므로 신성하다고 주장했고, 베버는 이것이 서구 자본주의 발달에 엄청난 영향을 끼쳤음을 강조하고 있습니다. 보수적인 학자의 주장을 근거로 해도 노동의 신성함은 부인할 수 없습니다. 오히려 근면, 성실을 바탕으로 한 노동은 하나님의 뜻을 확인하고, 자본주의 발달을 위한 촉매 역할을 했다는 것이 베버의 견해입니다. 육체노동을 천시하고 수단과 방법을 무시한 물질에의 욕망은 정상적인 자본주의라 할 수 없습니다.

새로 부임해 온 어떤 선생님이 학교에서 연세 많으신 분이 보이길래 교장이나 교감 선생님인 줄 알고 공손히 인사했는데, 알고 봤더니 기사 아저씨였다고 농담조로 말씀하시는 것을 들은 일이 있습니다. 기사는 옛날에 학교 소사라 불리시던 분으로 요즘은 기사라는 호칭으로 일원화되었습니다. 그 선생님이야 편하게 이야기하신 것이겠지만, 저는 내심 기분이 좋지 않았습니다. 저는 연세 많으신 기사님들을 뵈면 제 아버지가 생각이 나서 공손히 인사드립니다. 연장자에 대한 예의는 지위고하에 따라 달라지는 것이 아니니까요.

큰 학교에는 대부분 상조회가 있어서 매달 월급에서 얼마를 떼어 적립하였다가 선생님들 사이에 애경사가 생기면 경조금을 지불합니다. 그런데 매년 명절 때 선물 지급이 큰 이슈가 됩니다. 이때 세대 간에 갈등 요인이 되는 것이 40대 이상의 부장 선생님들은 당연히 교장, 교감 선생님에게 선물을 해야 한다는 의견을 내놓으시고, 젊은 교사들은 관리자도 상조회의 일원일 뿐인데 왜 특별히 선물을 해야 하냐고 반박합니다. 이 인식의 차이는 쉽게 좁혀지지 않아서 매년 논란을 반복하고 있는 실정입니다. 그래서 저는 학교에서 궂은 일을 하시는 분들에게 선물을 하자고 제안을 했습니다. 그렇다고 교장, 교감 선생님을 빼자고 하면 의견 대립이 심할 것 같아서, 비슷한 선에서 교장, 교감 선생님에게 더 좋은 선물을 해 드리고, 조금 못한 선에서 기사님과 화장실 청소하시는 아주머니, 저녁에 숙직 담당하시는 분을 위하여 선물을 마련하자는 제안을 한 것입니다. 힘든 일 하시는 분들을 위해 명절 때 떡값 돌리는 미풍양속이 있으니 그 전통을 이어가자는 말도 덧붙였습니다. 관리자를 위한 선물이 너무 약했다는 말이 부장 선생님을 중심으로 돌았다는 후문이 있었지만, 그래도 큰 무리 없이 합의가 이뤄져 시행이 되었습니다.

저는 학교에서 학생을 가르치건, 화장실을 청소하건, 모두가 하느님이 주신 신성한 천직을 수행하고 있는 것이라고 생각합니다. 여기에 우열이 있을 수 없고, 있어서도 안 됩니다. 노동으로 얻는 수입은 누군가의 식사가 될 수도 있고, 교육비가 될 수도 있고, 그것이 돌고 돌아 저의 월급이 될 수도 있습니다. 저는 적어도 '돈 앞에서 만인은 평등하다'라는 자본주의 철칙을 인정하는 사람입니다. 그런 의미에서 저의 교육노동이 신성한 만큼 다른 이의 육체노동도 소중히 여겨야 한다는 생각을 가지고 있습니다.

세상 구석구석에서 권력을 만나다

푸코라는 학자는 왕이나 정치인 같은 특정한 사람만이 아니라 모두가 자신들의 위치에서 권력을 행사한다고 보았습니다. 학술적으로 어떻게 해석하는지는 잘 모르겠지만, 일상생활에서 보면 이 말은 사실인 것 같습니다. 실제로 어떤 위치에 있든 자신이 가지고 있는 권력을 행사하는 사람들을 많이 볼 수 있습니다. 옛날에 신문 배달 아르바이트를 할 때도 저는 그러한 권력의 실체를 느꼈습니다. 아는 분이 신문 지국을 하셔서 몇 달간 신문 배달을 한 적이 있습니다. 대학을 졸업하고 백수 시절이었는데, 사회적 지위의 급전직하를 그때처럼 뼈저리게 느낀 적도 없었습니다. 저는 신문 배달을 하면서 처음 알았습니다. 신문 배달부를 사람들이 그렇게 무시한다는 것을 말입니다. 반말은 기본이고 신문이 조금 늦었다 싶으면 욕지거리가 바로 나오는데 처음에는 좀 황당했습니다. 신문 배달이 늦어 항의하는 것은 이해가 갔지만, 언제 봤다고 다짜고짜 반말에 욕지거리까지 해대는지, 저의 상식으로는 도저히 이해할 수가 없었습니다.

그러나 가장 이해하기 어려웠던 사람은 아파트의 경비 아저씨들이었습니다. 저도 지금 아파트에 살고 있어서 경비 아저씨들의 노고를 잘 알고 있습니다. 아파트 경비 월급이 한 달에 100만 원도 채 안 되는 것으로 알고 있는데, 입주민들의 온갖 뒤치다꺼리를 하는 것을 보노라면 안쓰러울 때가 많습니다. 특히 새파랗게 젊은 사람들이 경비 아저씨에게 막하는 꼴을 보면 한 마디 쏘아 주고 싶을 때도 많습니다. 사실 말이 아저씨지 50대 후반을 넘은 할아버지들이 대부분인데 말입니다.

그러나 그것도 요즘에야 드는 생각이지 제가 신문 배달 아르바이트를 할 때는 세상에서 제일 무서운 사람이 경비 아저씨였습니다. 아파트 통행을 통제할 수 있는 권리를 가지고 있다고 해서 저에게 신문을 공짜로 달라고 할 때는 여기서도 알량한 권력이 행사된다고밖에 달리 할 말이 없었습니다. 나중에 안 사실이지만 경비 아저씨들을 상대할 때는 조그마한 것이라도 주는 맛이 있어야 일을 하기 수월하다고 합니다. 당시야 그런 융통성이 전혀 없기도 했지만, 그래도 그분들의 권력에 휘둘렸다는 느낌은 지금도 지워지지 않습니다.

아르바이트 할 때야 그렇다 쳐도 교직에 들어오기 전에 직장 생활을 할 때도 노동자로서 제대로 대접을 받지는 못했습니다. 중소기업에 근무하면서 왜 사람들이 대기업에 들어가고 공무원을 하고 싶어 하는지를 뼈저리게 느꼈습니다. 저는 직원이 100여 명 정도 되는 출판사에 반 년 동안 다녔는데, 그때의 서러웠던 기억은 지금도 생생하게 남아 있습니다.

제가 근무하던 회사의 사장님에게는 못된 버릇이 하나 있었는데, 바로 휴일에 직원들이 노는 꼴을 못 보신다는 것이었습니다. 그래서 빨간 날이 있는 주간이면 꼭 일요일에 전 직원이 출근할 것을 명령하였습니다. 밀린 재고 정리를 한다는 명분이었지만, '빨간 날 쉬는 꼴을 못 보는구나' 하는 느낌밖에 들지 않았습니다. 물론 휴일 근무 수당을 준 적은 한 번도 없습니다. 회사 뒤에 바로 사장님의 사택이 있었는데, 밤 9시가 되면 누가 야근을 하나 꼭 한 바퀴를 돌아다녔습니다. 야근 수당을 따로 주는 것도 아니면서 야근을 종용하는 것을 볼 때면 정말 어이가 없었습니다. 월급은 한 번도 제 날짜에 나온 적이 없었습니다. 회사에 돈이 없는 것도 아닌데 습관적으로 미뤄서 주는 것입니다. 그나마 월급도 어느 날인가는 사장님 마음대로 연봉제로 바꿔서 퇴직금을 없애 버린다고 선언하였습니다. 법은 멀고 주먹은 가깝다고 회사에서 늘 탈법이 벌어지고 있는데 누구하나 항의 한번 제대로 못하고 당하고만 있었습니다.

물론 직원 중에 제가 나서서 어떻게 해볼 만도 했지만, 문제는 같은 노동자인데도 사장님 편이 많았다는 것입니다. 불만을 가진 사람이 더 많았겠지만, 그래도 "우리 사장님이 최고!"라고 외치는 직원들을 보면서 사람 마음이 다 같지는 않다는 것을 느꼈습니다. 노조를 조직해 볼까 하는 생각도 했지만, 이 회사에 계속 다닐 것도 아니고 몇 달 있다가 관둘 생각을 하니 솔직히 귀찮은 마음이 들었습니다. 노동부에 신고만 해도 여러 건에 대하여 구제를 받을 수 있을 것 같았지만, 귀차니즘에 그냥 관둬 버렸습니다.

씩씩거리다 회사 생활을 끝내고 나서 1년이 지났을까. 그 회사 직원 하나가 관두면서 노동부에 신고하여, 회사는 엄청난 벌금을 물고 세무 조사까지 당했다는 후문을 들었습니다. 덕분에 이제는 법적으로 인정되어 있는 최소한의 노동권은 회사에서 보장되고 있다고 합니다. 신고한 당사자는 그동안 못 받은 시간 외 근무 수당에 떼일 뻔한 퇴직금까지 톡톡히 챙겨 갔다는 이야기도 함께 들렸습니다. 퇴사한 직원들끼리 모일 때면 지금도 그 이야기를 고소한 안주 삼아 술 한 잔씩 합니다.

법이 노동자를 과잉보호하는 까닭

학자들이나 신문에서 종종 우리나라 법은 노동자를 과잉보호하고 있다고 말합니다. 이는 사실입니다. 실제로 우리나라 노동법은 외국에 비하여 노동자들을 대우하는 법률이 상당히 구체적으로 잘 정비되어 있는 편입니다. 대표적인 예가 여성들에게 주어지는 보건 휴가입니다. 보건 휴가는 생리 휴가로 알려져 있지요. 외국에는 생리 휴가가 따로 없다고 합니다. 우리나라 생리 휴가는 유급 휴가로서 휴가를 써도 월급에는 지장이 없는, 여성 노동자에게는 정말 좋은 제도입니다. 그러나 이면을 들여다보면 그 법은 연가를 마음대로 쓰지 못하는 한국의 노동 문화에서 비롯된 제도입니다. 외국은 눈치 볼 것 없이 연가를 쓰는 문화라 생리 휴가를 제도화시킬 필요가 없었던 것입니다. 외국에 없으니 우리나라의 생리 휴가를 없애야 한다는 의견도 한편으론 일리가 있지만, 외국에 없는 제도가 우리나라에 생기게 된 연원을 정확히 파악한 다음에 보완책을 마련하는 것이 순서일 것입니다.

너나 할 것 없이 대기업으로 가려고 하는 데에는 다 이유가 있습니다. 대기업의 정규직 노동자들은 제가 봐도 귀족이라고까지는 못해도 사람들이 부러워할 만한 대우를 받고 있는 것이 사실입니다. 제가 속해 있는 공무원 조직도 마찬가지입니다. 노동자의 권리가 중소기업이나 비정규직 노동자에 비하면 잘 보장된다고 볼 수 있습니다. 그러므로 구직자들이 3D 업종은 싫어하고 중소기업은 가지 않으려 하는 사실을 보고, 그들의 의식에 문제가 있다는 식의 비판은 지양되어야 합니다. 대우만 괜찮다면 구직자들은 3D 업종도, 지방 근무도, 중소기업도 마다하지 않습니다. 가끔 신문지상에 보도되는 환경미화원 모집 공고에 지원하는 고학력자의 사례만 봐도 알 수 있습니다. 지방자치 단체에서 모집하는 환경미화원은 공무원으로 직업 안정성이 높고 연금 혜택이 있어서, 3D 업종에 속하지만 지원자는 넘쳐납니다.

정규직으로 근무하면 법에 호소할 수가 있으니 그나마 다행입니다. 비정규직의 경우에는 언제나 해고의 칼날에 가슴을 졸여야 합니다. 1997년 외환위기 이후 비정규직 비율은 나날이 증가하고 있습니다. 비정규직의 증가는 노동기본권의 사각지대를 가져왔습니다. 비정규직 노동자는 정규직과 똑같은 일을 하고도 훨씬 적은 임금을 받고, 각종 휴가나 복지 혜택에서 차별대우를 감수해야 합니다. 그래서 21세기 대한민국에 신계급사회가 도래했다는 말까지 나옵니다. 즉, 정규직과 비정규직이 계급처럼 분할된다는 것입니다.

비정규직 문제는 이미 우리 사회 곳곳에서 심각한 갈등을 일으키고 있습니다. '지상의 스튜어디스'라는 화려한 수사와 함께 등장한 KTX 여승무원들이 그 대표적인 예입니다. 청운의 꿈을 안고 입사했던 수많은 젊은 여성들이 비정규직의 설움을 안고 근무하다가 총파업이라는 대열에 나서게 된 것입니다. 이랜드 계열의 홈에버 파업도 각종 비정규직 차별에 대한 분노가 폭발하여 일어난 사건입니다.

학교에도 비정규직 노동자가 있습니다. 기간제 교사라고 해서 출산 휴가나 병가 휴직을 낸 사람을 대신해서 단기간 동안 고용되는 교사들이 그들입니다. 이들도 심하지는 않지만 차별을 받습니다. 대표적인 것이 계약서를 작성하는 관행입니다. 이들은 계약 기간을 끊어서 근로 계약서를 작성합니다. 근로기준법상 1년 동안 근무하면 노동자가 퇴직금을 받게 되어 있습니다. 그런데 사용자가 이 퇴직금을 지불하기 싫어서 1년짜리 계약서를 쓰지 않고, 6개월짜리 계약서를 두 장 쓰는 것입니다. 그러나 기간제 교사는 채용되는 것만도 감지덕지인 터라 명백한 불법에 대해서 항의 한번 제대로 못하고 시키는 대로 계약을 합니다. 사정이 이렇다 보니 6개월이 지나 특별한 이유없이 해고되어도 딱히 손쓸 방법이 없습니다. 비정규직 노동자들은 이렇게 불안정한 고용 여건 속에서 일하고 있습니다.

비정규직 기간제 교사는 엄연히 같은 교사인데도 방학 동안 월급을 주지 않으려는 관리자를 설득해야 할 때도 있었습니다. 그러나 손 한번 써보지 못하고 말도 안 되는 이유로 기간제 교사가 해고되는 것을 그저 보고만 있을 수밖에 없었던 적도 있습니다. 관행상 1년에서 석 달 모자라게 계약서를 쓴 기간제 교사가 있었습니다. 20대 젊은 교사였는데, 또래 교사들과 어울리다가 교장 선생님에게 밉보였나 봅니다. 그래서 짧게 쓴 계약 기간을 채우고 난 뒤 해고되었습니다. 어떻게든 막아 보려고 했지만, 법적으로 계약이 만료된 상황이라 어쩔 도리가 없었습니다. 제가 해줄 수 있는 것이라곤 "열심히 공부해서 시험에 합격해 꼭 정규직이 되라"라는 위로를 건네는 것뿐이었습니다.

법이 법대로 지켜지는 사회를 꿈꾼다

1970년대에 전태일 열사는 법전을 뒤져보며 경찰과 청와대의 도움을 받아 법대로 노동 문제를 해결하려고 하였습니다. 그러다가 법이 지켜지지 않는 현실 앞에서 마지막으로 택한 방법이 분신을 통해 한국의 노동 현실을 고발하는 것이었습니다. 게다가 그가 외친 것은 "근로기준법을 개정하라"가 아닌 "근로기준법을 준수하라"였습니다. 요즘은 그때보다 노동 여건이 많이 좋아졌지만, 과연 전태일 열사가 목숨을 걸며 외쳤던 대로 법이 지켜지고 있는지는 되돌아 볼 필요가 있습니다. 혹시 지금도 관행이라는 이름으로 법에 보장된 권리를 행사하지 못하는 경우가 있는 건 아닐까요?

저는 일터에서 법이 인정하는 권리를 보장해 주는 것은 기본이고 노동이 존중받는 대한민국 사회가 되기를 소망합니다. 우리나라에서는 가구를 사면 배달 서비스를 받는 것을 당연하게 여깁니다. 프랑스에 유학 간 후배가 말하길, 프랑스는 가구 값보다 배달료가 더 비싸다고 합니다. 우리나라 같으면 그런 상황을 두고 배보다 배꼽이 크다고 하겠지만, 노동을 중심에 놓고 보자면 원래 배꼽은 노동이 아니라 가구가 되어야 할 것입니다.

지금 제가 다니는 학교에서는 연세 지긋하신 할머니가 화장실 청소를 하십니다. 식사 때가 되면 어울릴 사람이 없어서 혼자 드시고, 나이 들었다고 해고될까 봐 전전긍긍하시면서 힘든 노동을 이겨내십니다. 가끔 할머니의 연세가 많으시니 사람을 바꿔야겠다는 소리가 들릴 때도 있습니다. 저는 할머니가 어렵게 화장실 청소를 하시는 게 마음에 걸릴 뿐, 그리 불편한 점은 못 느끼고 있습니다. 경쟁력이 좀 떨어진다는 이유로 할머니의 소중한 밥줄이 끊어지는 일은 없었으면 하는 마음입니다. 내일이라도 할머니에게 따뜻한 차 한 잔 대접하는 사람이 되어볼까 합니다.

청계천에서 전태일을 떠올리다

요즘은 청계천은 상쾌한 산책로, 데이트 장소가 되었지만, 아직 전태일 열사를 잊기는 이른 듯하다. 미약하나마 지금만큼의 노동자 권리를 보장받게 된 것은 분명 그의 덕분이기 때문이다.

전태일, 노동자에서 분신까지

1965년~
청계천에 자리잡은 평화시장에서 재단사로 일하다. 대구에서 태어나서 서울로 올라와 초등학교 4년 때 중퇴하고 생업전선에 뛰어든 것이다.

1968년~
전태일은 숙련된 재단사였기 때문에 같은 공장의 다른 어린 소녀들보다는 좋은 조건으로 일하고 있었다고 한다. 그러나 주당 100시간에 가까운 살인적인 노동 시간과 열악한 근무여건 때문에 폐질환에 걸려 고생하는 어린 노동자를 보면서 안타까운 마음을 갖기 시작했다. 그래서 근로조건 개선 모임을 준비하기 시작한다. 노동청과 서울시, 박정희 당시 대통령에게까지 탄원서를 제출했다고 한다.

1970년 11월
가능한 모든 법적 수단을 동원했으나 노동 현실을 개선하지 못한 전태일은 '근로기준법 화형식'과 함께 자신의 몸을 불사르고 만다. 그의 분신은 성장 위주로 달려온 한국의 노동 현실을 되돌아보는 계기가 되었고, 한국 노동운동사에 커다란 분수령이 되었다.

복원된 청계천에는 전태일 열사의 정신을 기리기 위하여 '전태일 거리'와 다리가 조성되었다. 인터넷 신문 「오마이뉴스」 독자들과 네티즌이 중심이 되어 모은 성금으로 조성한 거리다. 이 거리에는 전태일 반신상과 4,000여 개의 추모동판이 있다.

10장
모두의 문제라서
누구의 것도 아닌 환경 문제

"모든 국민은 건강하고 쾌적한 환경에서 생활할 권리를 가지며, 국가와 국민은 환경보전을 위하여 노력하여야 한다" - 헌법 제35조

경제수준이 환경의 질까지 결정하는 시대, 어디까지 용인할 것인가

경제학에 자유재와 경제재라는 말이 있습니다. 우리나라의 학술 용어들이 영어나 일본어에서 가져온 것이 대부분이라 의미 전달이 잘 안 되는 경우가 종종 있습니다. 자유재는 free goods라는 말의 번역어인데, 잘 알아듣게 번역하면 '공짜 물건'이 될 것입니다. 아무래도 '공짜재'라고 번역하기보다는 자유재로 번역하는 것이 그래도 '있어 보여서' 그런 것 같습니다. 어쨌거나 대가를 지불하지 않고 자유롭게 사용할 수 있는 재화를 자유재라고 합니다.

요즘은 대가를 지불하지 않고 얻을 수 있는 자유재가 얼마 없습니다. 햇빛 정도가 돈을 지불하지 않고 공짜로 얻을 수 있는 재화의 대표적인 사례일 것입니다. 우리가 숨 쉬는 산소도 공짜이긴 합니다. 그러나 깨끗한 산소가 상품화*되었다는 이야기도 들리니, 산소도 자유재에서 제외될 날이 머지 않은 것 같습니다.

물은 20여 년 전부터 상품화되어서 자유재의 품목에서 사라졌습니다. 조선시대에는 자유재인 물을 매개체로 로맨스가 펼쳐지곤 했지요. 지나가던 선비가 물 긷는 처녀에게 작업 걸던 방식이 보통 물 한 사발 얻어 마시는 것입니다. 처녀도 선비가 마음에 들면 바가지에 물을 떠 주면서 거기에 갈댓잎을 하나 띄웁니다. 선비는 뻔히 이유를 알면서도 "왜 갈댓잎을 올려놓았냐?"라고 묻습니다. 그러면 처녀의 모범 답안이 나옵니다. "급히 드시다 체하실까 걱정돼 나뭇잎 하나를 띄워 드렸습니다." 이러면 처녀의 마음씨에 더욱 반한 선비의 감동이 뒤따르고 얼추 두 사람 사이의 탐색전은 끝이 납니다. 그 다음은 둘이 지지고 볶는 사랑 이야기가 전개되겠지요. 이러한 로맨스도 물이 자유재이던 시절에나 가능한 이야기입니다. 요즘 지나가다가 마음에 드는 여자에게 생수 한 병만 달라고 했다가는 미친 놈 취급 받지 않으면 다행일 것입니다.

그런데 요즘은 생수에도 급이 생기기 시작했습니다. 이른바 명품 생수가 시중에서 유통되고 있는 것입니다. 명품 생수의 대부분은 프랑스, 캐나다, 일본 등지에서 수입된다고 하는데, 점차 매출이 신장하고 있다고 합니다. 미네랄이 다량 함유되어 있다는 일본 생수는

* * *

*산소 상품화 대표적 자유재인 산소도 상품화되었다. 지난 2003년 제주도 보건환경연구원은 한라산 공기를 압축해 담은 캔 26만 개를 제일제당(주)에 공급했다. 제일제당은 이 공기를 백화점, 인터넷 등을 통해 판매하여 9억 원의 매출을 올렸다.(2003년 11월 25일자 「경향신문」 기사 참조)

바다의 심층에서 뽑아 올려 2리터짜리 한 병에 15,000원을 받는다고 합니다. 일반 생수는 같은 용량에 가장 비싼 것도 1,000원을 넘지 않으니 어림잡아도 15배 이상 비싼 가격입니다. 그런데 없어서 못 팔 정도라고 합니다.

남태평양 피지섬의 지하 암반에서 뽑아 올린다는 '피지 워터'는 〈CSI 과학 수사대〉, 〈섹스 앤 더 시티〉 등의 미국 드라마에서 간접광고로 많이 노출되면서 인기가 폭발하고 있습니다. 특히 여성들의 미용에 좋다는 소문이 나서 대박이 났다고 합니다. 여기다 한 술 더 떠서 애완용 개를 위한 생수까지 나온다고 하니, 이제 물을 자유재라고 하기에는 너무 멀리 나아간 것 같습니다.

참고로 몸에 좋다는 물의 과학적 근거는 전혀 없다고 합니다. 어느 의사는 TV에 나와서 산소 함유량이 많은 생수를 찾는 소비자들에게 "숨을 크게 한번 들이쉬면 산소는 몸으로 많이 들어갑니다"라고 충고해 주었습니다. 이런 물을 마시는게 몸에 나쁘지는 않겠지만, 그 정도 돈을 들여서 얻을 효과가 미미하다면 그 돈을 다른 데 쓰는 것이 '경제적인 판단'입니다. 물론 돈이 남아도는 사람에게야 소용이 없는 충고가 될 테지만 말입니다.

얼마 전에 민주노동당 소속 노회찬 의원의 강연회가 열려 그분의 재밌는 강연을 들을 기회가 있었습니다. 모든 것이 시장화되는 대한민국의 현실에 대하여 경고성 메시지를 전했는데, 역시 입담이 좋으신 분이라 재밌게 이야기를 풀어나가셨습니다. 흥미로웠던 이야기는 수돗물의 민영화가 추진되고 있다는 것이었습니다. 이제는 드디어 수돗물마저 시장에 내몰린다는 생각에 충격적이었습니다. 노회

찬 의원은 수돗물이 민영화된다면 선택의 다양성을 기한다는 명목으로 수돗물의 급이 달라질 것이라고 하였습니다. 아예 강연 도중 수돗물 회사에서 쓸 카피까지 예상해 주었습니다. '그냥 드셔도 좋은 천연 그대로의 수돗물'. 이 물은 중산층 이상에게 공급될 것입니다. 서민에게 공급되는 물은 다음과 같이 선전할 것입니다. '실속파 주부를 위한 수돗물. 그냥 드셔도 건강에는 지장이 없지만 끓여 드실 것을 권합니다.' 아마 국민기초생활수급자에게서는 돈을 많이 받을 수 없을 테니 반드시 끓여 먹을 수 있는 물이 공급되리라 예상합니다. 끓여서 먹기만 하면 기존 수돗물과 차이가 없다고 하는 정부 당국자의 강변도 덧붙여질 것입니다.

여기서 우리가 생각해야 할 것은 과연 돈이 많고 적음에 따라 이렇게 환경의 급이 달라지는 것을 어디까지 용인해야 하는 가입니다. 조선시대 사람이 타임머신을 타고 온다면 가장 놀랄 일은 고층빌딩이나 자동차가 아닐지도 모릅니다. 설악산에 경계선을 쳐 놓고 입장료를 받는 모습을 본다면 조선시대 사람은 어떤 눈으로 쳐다볼까요? 우물가의 아낙에게 부탁하면 마실 수 있던 물을 엽전을 건네야 마실 수 있게 된 사회를 조선시대 사람은 어떻게 생각하겠습니까?

환경을 잃은 대가는 얼마로 환산할 수 있을까

환경 문제는 사람들의 가치관에 따라서 극단적인 대립을 가져올 수 있습니다. 지율 스님이라는 분이 경부고속철도 천성산 터널 공사를 반대하여 100일간의 단식 투쟁을 한 것이 대표적인 사례입니다. 시민단체는 이 공사를 중단하라는 경부고속철도 천성산 구간 공사 금지 가처분 소송도 제기했습니다. 재미있는 것은 이 재판의 원고가 도롱뇽이었다는 것입니다. 그래서 일명 '도롱뇽 소송'*으로 불리기도 하였습니다. 재판 결과는 당연히 각하로 나왔습니다. 2장에서 배웠다시피 권리는 사람만이 가질 수 있고, 따라서 도롱뇽은 재판을 청구할 자격이 없습니다. 물론 시민단체도 재판에서 이기리라고 기대하며 도롱뇽을 원고로 한 소송을 제기하지는 않았을 것입니다. 공사로 인한 피해를 직접적으로 입을 도롱뇽을 투쟁의 한 방법으로 내세운 것이지요.

한국철도시설공단은 지율 스님의 단식과 법정 투쟁으로 공사가 중단되는 바람에 160억 원의 피해를 봤다고 주장하였습니다. 그러나 공사가 진행됐을 경우 입게 될 환경 피해는 돈으로 계산하기 힘듭니다. 그래서 좀처럼 사람들의 지지를 받아내기 어려운 것입니다. 새만금방조제도 시민단체가 반대 투쟁을 전개했지만, 정작 당사자인 전라북도 사람들은 빨리 공사가 완공되기를 바랐습니다. 새만금방조제 공사는 20여 년 전에 노태우 전대통령이 대선에 출마하면서 상

* **도롱뇽 소송** 지율 스님이 주축이 되어 경부고속철도 천성산 원효터널 공사를 저지하기 위해 제기된 소송이다. 지율 스님은 공사를 저지하기 위해 목숨을 걸고 100일 단식을 단행하기까지 했지만, 안타깝게도 재판에서는 패소했다. 그러나 이 사건은 개발이익의 잣대로 생명의 가치를 폄하하는 풍조에 대한 반성을 불러일으켰다. 소송의 상징적인 원고였던 도롱뇽은 동물권 소송이라는 개념을 만들어냈을 뿐 아니라, 생명 평화의 상징이 되었다. 도롱뇽은 초록당(준)의 대선 예비 후보로 나서기도 하여 새로운 정치적 실험을 하기도 했다. 참고로 초록당의 다른 예비 후보들은 자전거, 밥, 어린이 등이었다. 자세한 내용은 '초록정당을 만드는 사람들' 홈페이지 www.koreagreens.org를 참조할 것.

대적으로 지지율이 낮은 호남에서 표를 얻기 위하여 내세운 공약이었습니다. 당시만 해도 환경에 대한 국민적 관심이 낮아서 반대가 없었는데, 갯벌의 중요성에 대한 인식이 제고되면서 반대 운동이 서서히 일어나기 시작한 것입니다. 그러나 새만금방조제 공사가 거의 끝나갈 무렵에 시작된 반대 운동인지라 동력을 얻기가 어려웠습니다. 더구나 이 공사로 인한 이해집단이 존재하는 한, 우리 모두의 환경을 위한다는 명분이 힘을 얻기가 쉽지만은 않습니다.

환경을 보호해야 한다는 주장이 이렇듯 묻혀버리기 쉬운 원인 중 하나는 환경권이 추상적 권리라는 점입니다. 환경권과 대립되는 대표적인 권리가 재산권인데, 재산권은 환경권에 비하여 소유자가 명확한 권리입니다. 재산은 누군가에게 속해 있으며, 소유주가 마음대로 처분할 수 있다는 것은 법을 잘 모르는 사람에게도 쉽게 이해시킬 수 있습니다. 그러나 환경은 특정 개인에게만 영향을 끼치는 것이 아니고, 그 피해도 장기간에 걸쳐서 서서히 나타나기 때문에 사실 관계를 규명하기도 쉽지 않습니다.

당장 도롱뇽 소송에서도 알 수 있듯이, 철도를 놓지 못해 얻는 피해액은 160억이라고 바로 산정하여 발표할 수 있었습니다. 그러나 철도를 놓지 않음으로써 얻을 수 있는 환경적 이익은 돈으로 계산이 되지 않습니다. 자본주의 사회에서 돈으로 계산되지 않는 이익이 보호받기란 참 어렵습니다. 그것도 수혜자가 특정 개인이 아니라면, 발 벗고 내 일처럼 나서는 이를 찾기도 쉬운 일이 아닙니다.

환경 문제가 해결되기 어려운 또 다른 이유 중에 하나는 불편함을 감수해야 하기 때문입니다. 사실 환경이 나빠지면 불편이 다 뭡니까, 인류가 멸종할 수도 있습니다. 하지만 사람들에게는 당장의 불편함이 더 중요하게 느껴집니다. 관심은 당장 눈앞에 보이는 손해에 집중되어 있을 뿐, 전 지구적인 문제에는 신경을 쓰지 않습니다.

상당히 오래전부터 사람들이 민감하게 여겨온 환경권 중에 대표적인 것이 일조권입니다. 유달리 우리나라 사람들은 햇빛이 잘 드는 남향집을 선호합니다. 그래서 누군가 자신의 집 앞에 햇빛을 가릴 정도로 높게 집을 지으면 분쟁이 생기는 경우가 많습니다. 실제로 저희 옆집에서는 앞집이 집을 높게 짓자 문제를 제기하여 집을 허물고 다시 짓도록 하였습니다. 먼저 집을 짓고 사는 사람의 일조권이 나중에 짓는 사람의 재산권 행사보다 우선이었기 때문입니다.

요즘 새롭게 제기되는 문제는 조망권입니다. 서울 지역의 한강변 근처 아파트는 한강 조망을 할 수 있느냐 없느냐에 따라 몇 천만 원 차이가 우습게 나버립니다. 그래서 한강변의 강북쪽 아파트가 새롭게 주목을 받고 있습니다. 강남에서는 아파트를 남향으로 지으면 한강 조망이 어렵지만, 강북 쪽의 아파트는 남향으로 지을 경우 조망권과 일조권을 동시에 확보할 수 있기 때문이랍니다.

그러나 조망권을 권리 차원에서 인정할지 여부는 법원의 판결이 엇갈리고 있습니다. 일조권 침해로 인한 분쟁이 생기면 법원은 예외 없이 손해 배상 판결을 내리고 있지만, 건물 신축으로 인한 한강 조망권 침해에 관한 분쟁에서는 손해 배상을 하라는 판결을 내릴 때도 있고, 조망권을 인정하지 않아 손해 배상을 할 필요가 없다는 판결도 나오고 있습니다. 아직 조망권에 관해서는 완벽한 사회적 합의가 이뤄져 있지 않은 상태입니다.

요새 법적 분쟁이 많이 생기는 환경권 문제 중에 하나는 인공 환경의 문제입니다. 산이나 강, 호수 등이 자연 환경이라면, 공원이나 학교 등은 인공 환경입니다. 주민들에게 이익이 되는 환경이야 별 문제가 없지만, 집값을 떨어뜨리는 요인이 되는 인공 환경은 혐오시설이라 해서 민원의 대상이 됩니다. 대표적인 예가 쓰레기 소각장, 납골당, 화장장 등입니다. 고급 신도시의 대명사인 판교는 아예 분양할 때 납골당 시설 설치를 예고하여 님비현상의 싹을 없애 버렸는데, 그나마도 입주 예정자들이 결정되어 있는 납골당 설치를 취소하라는 운동을 펼치고 있습니다. 사회적 에너지를 한참 소비하고서야 확정된 방사선 폐기물장의 위치 선정도 과거에 비하여 민감해진 환경의식과 지역적인 이해관계를 잘 반영하고 있습니다.

그러나 이러한 개별적 이해관계와 밀접한 관련을 맺고 있는 환경문제는 해결이 어렵기는 해도 불가능한 것은 아닙니다. 일조권이나 조망권은 손해 배상 등 보상으로 해결이 가능하고, 혐오시설을 설치하는 지역에 인센티브를 주거나 장기간에 걸쳐 주민을 설득하여 관철시킬 수 있습니다. 문제는 이산화탄소 증가로 인한 지구 온난화 문제, 자원 고갈, 생태계 파괴 등입니다. 이것은 인류 공통의 문제인데도 문제의 심각성에 비하여 별반 갈등을 심하게 불러일으키지 않아서 더 큰 문제입니다. 갈등을 일으키지 않는다는 것은 해결하려는 의지의 부족을 의미하기 때문입니다. 우리 모두의 문제는 어느 누구의 문제도 아닐 수 있습니다. 그래서 해결은 점점 늦어지고 있습니다.

환경 운동가들의 극단적인 투쟁은 이런 면에서 정당성을 인정할 수 있습니다. 어떤 사람들은 겨우 도롱뇽의 생존 문제 가지고 사회적 갈등을 일으켜서야 되겠느냐고 못마땅해하지만, 도롱뇽이 죽으면 연쇄작용 끝에 사람이 멸종할 수 있다는 사실을 우리는 인식해야 합니다. 환경을 지킨다는 것은 불편해진다는 것과 동의어입니다. 자가용 대신에 버스를 타야 하고, 쓰레기 분리수거를 열심히 해야 하고, 일회용품의 사용을 줄여야 합니다. 생활의 편리함을 양보하고 환경을 얻어야 하는데, 그에 따른 이익은 당장 눈에 보이는 자산으로 개인에게 돌아가지는 않습니다.

사소한 행동으로 세상과 대화하기

처음 배치된 학교에 기간제 환경 선생님이 두 분 계셨습니다. 점심 식사 시간에 두 분이 식판에 국을 담는데, 다른 선생님들과는 다른 행동이 눈에 들어왔습니다. 학생들은 국을 식판에 담게 하지만, 교사들에게는 국그릇이 따로 준비되어 있었습니다. 아무래도 넓은 식판보다는 국그릇에 국을 담아 먹는 것이 편하기 때문에 교사들을 위한 배려로 마련된 것입니다. 그런데 두 분의 환경 선생님은 국그릇을 쓰지 않는 것이었습니다. 환경을 생각하는 조그마한 실천이었던 셈입니다. 아무래도 그릇 하나라도 덜 쓰면 세제도 덜 쓰게 될 테니까요.

저의 아버지는 고물상을 하시는데, 한번은 버려져 있는 1원짜리 동전 크기의 고철을 주워 담으시는 것이었습니다. 그 모습을 보고 아무리 직업이라지만 몇 푼 된다고 그걸 줍고 계시냐고 말씀을 드렸습니다. 그랬더니 아버지 하시는 말씀이 "나에게야 돈이 얼마 안 되지만, 국가적으로 보면 이런 것을 주워 모아야 환경에 도움이 된다"라는 것이었습니다. 명색이 고등학교 사회 선생인 제가 고물상을 하는 아버지에게 한 수 배우는 순간이었습니다.

아버지 직업이 그래서 그런지, 저는 학교에서도 쓰레기 분리수거에 신경을 많이 쓰는 편입니다. 학생들이 일반 쓰레기통에 우유팩을 버리면 꼭 손을 집어넣어 분리수거를 해야만 직성이 풀리는 스타일입니다. 비닐이 붙어 있는 포장지를 버릴 때면 꼭 비닐을 제거하고 종이끼리만 모아 놓는 습관도 아버지에게서 배운 생활태도입니다.

미국의 전직 부통령인 앨 고어Albert Arnold Gore Jr.가 출연하여 화제가 되었고, 그가 노벨상을 수상하는 데 기여한 환경 다큐멘터리의 제목은 〈불편한 진실An Inconvenient Truth〉*입니다. 우리가 진실을 바라보고 그 진실을 수호하는 데에는 불편함이 따릅니다. 그러나 목숨을 바치라는 건 아닙니다. 무언가 숭고한 뜻을 세우라는 것도 아닙

● 불편한 진실An Inconvenient Truth 앨 고어가 환경운동가로서 전 세계를 돌며 지구 온난화의 위험을 경고한다는 내용의 환경 다큐멘터리. 같은 제목의 책으로도 만들어져 세계적인 베스트셀러가 되었다. 어떤 이는 앨 고어의 이러한 활동에 경외심을 갖고 지구 온난화의 위험을 확인한 계기로 보지만, 또 어떤 이는 그가 어마어마한 크기의 자동차를 몰고 강연을 다닌다는 것, 정작 환경오염의 주범인 미국의 책임보다 전 세계의 책임을 묻는다는 것을 두고 비아냥거리기도 한다.

니다. 다만 조그만 생활 속의 실천이 환경을 보호한다고 생각하시라는 겁니다.

도롱뇽의 환경권까지 생각하는 환경 운동가들을 향한 우호적인 시선도 필요합니다. 우리의 관심이 공사를 하지 못해서 피해 입은 돈에만 머문다면, 불편한 진실이 위험한 진실로 바뀔 날도 머지않을 것이기 때문입니다.

자국 이기주의, 지구가 끓는다!

온실효과로 인한 기후변화는 다음과 같다. 지구표면 온도는 지난 100년 사이 평균 0.6도 상승하였다. 해수면이 상승하고 있다. 지구상에 있는 빙하가 녹아 10~20센티미터 정도 해수면이 높아졌다. 기상재해가 증가하고 있다. 극심한 가뭄과 홍수를 유발하는 엘니뇨 현상의 크기나 발생빈도, 지속성이 1970년대 중반 이후 지속적으로 증가하고 있다.

온실효과로 인한 기후 변화는 인간을 위협하기 충분한 지경에 이르렀다. 산업혁명 이전까지는 인간의 활동이 지구의 기후에 별다른 영향을 미치지 않았다. 그러나 산업혁명 이후 이루어진 급속한 공업화는 석유, 석탄 등 화석연료의 사용을 증가시켰고, 이는 대기 중에 온실가스를 다량으로 배출하게 된 원인이 되었다. 그러나 폭주하는 지구 온난화에 대비하기 위한 국제적 노력이 아주 없는 것은 아니다.

교토의정서와 온실가스 감축

1997년 일본 교토에서는 제3차 당사국 총회를 열어 교토의정서를 채택했다. 이 조약에 의해 선진 38개국은 제1차 공약기간인 2008년부터 2012년까지 1990년 수준과 비교하여 5.2%만큼 온실가스를 감축할 의무를 가진다.

선진국이 먼저 의무를 이행해야 하는 이유는 산업혁명 이후 200여 년 간 서구 선진국들이 배출한 온실가스가 오늘날 벌어지고 있는 기후변화의 원인이기 때문이다. 만약 온실가스 감축을 선진국과 동일하게 개발도상국에 요구한다면, 먼저 공업화를 한 나라만 혜택을 입는 셈이다. 이에 대한 입장 차이로 교토의정서를 채택할 때 선진국과 개발도상국 간에 격론이 벌어졌다고 한다.

 우리나라는 2002년도에 교토의정서를 비준하였지만, 아직까지 온실가스 감축의무를 지고 있지는 않다. 기후변화협약*상 개발도상국으로 분류되었기 때문이다. 그러나 우리의 무역규모나 GDP 등이 선진국 수준에 육박하고 있고, 온실가스 배출량도 10위권을 유지하고 있어, 조만간 감축의무 대상 국가로 지정될 것으로 보인다.

 참고로 전 세계에서 에너지 소비가 가장 많은 미국은 자국 산업 보호를 위하여 2001년 3월에 탈퇴하였다. 여기에 급속한 산업화로 우리에게 큰 피해를 끼치고 있는 중국도 온실가스 감축에 소극적인 자세이다. 자국 이기주의라는 비난을 면할 길이 없어 보인다.

---

*기후변화협약 정식명칭은 '기후변화에 관한 유엔 기본협약United Nations Framework Convention on Climate Change'이다. 지구의 기후 변화에 대한 과학자들의 경고로 논의가 시작되었으며, 1992년 브라질 리우데자네이루에서 체결되었다. 우리나라는 1993년 12월에 가입하였다.

11장
참을 수 없는 소비자의 유약함

소비자 권리
일반적으로 안전의 권리, 알 권리, 선택의 권리, 의견을 말할 권리 등 네 가지 권리를 개괄적으로 표현하는 말.

소비자가 왕이라는 착각에 대하여

학교에서 소비자의 권리에 대하여 가르칠 때 종종 이런 질문을 던집니다.

"소비자와 판매자 중 누가 강자일까?"

많은 학생들이 소비자가 강자라고 합니다. 소비자에게 선택권이 있고, '손님은 왕이다'라는 말도 있으니 당연히 소비자가 강자라는 것입니다. 언뜻 보면 맞는 말인 것 같습니다. 점포에 들어가면 판매자들은 하나라도 더 팔기 위하여 온갖 친절을 베풉니다. 물건을 사려고 할 때는 정말 왕이라도 된 듯한 느낌일 때도 있습니다. 판매자는 어떤 질문에도 친절하게 답변을 해줍니다. 만약 서비스가 마음에 들지 않으면 물건을 사지 않고 그냥 나와도 됩니다. 누구나 돈을 갖고 물건을 사는 순간만은 왕이 될 수 있을 것 같습니다. 그러나 제가 의도한 정답은 소비자가 약자라는 것입니다. 적어도 법적으로는 그렇습니다.

법에 '소비자 보호법'이라는 것이 있습니다. 소비자가 강자라면 법이 특별히 소비자를 보호할 필요도 없을 것입니다. 지금은 '소비자 기본법'으로 바뀌었지만, 거래에 있어서 상대적으로 약자인 소비자의 권리를 보장하기 위한 입법 취지에는 변함이 없습니다.

소비자가 약자인 이유는 정보력의 차이에서 옵니다. 소비자가 아무리 영악하다 해도 구매하고자 하는 상품에 대하여 생산자나 판매자보다 더 잘 알 수는 없습니다. 우리가 아무리 판매자보다 권력 게임에서 우위에 서려고 해도 한정된 정보를 가지고는 늘 지는 게임을 할 수밖에 없습니다.

요즘은 거의 사라진 풍경이지만, 예전에 시장에서 물건을 거래할 때는 게임의 법칙이 늘 작용했습니다. 어렸을 때 어머니와 함께 옷을 사러 동대문 평화시장이나 남대문 시장으로 가곤 했습니다. 어린 눈으로 보기에는 그때 어머니의 거래 방식이 참 이상했습니다. 가령 어머니가 옷을 고르고 상점 주인이 2만 원의 가격을 불렀다고 칩시다. 그러면 어머니는 그 말을 듣자마자 무슨 2만 원이냐고 하면서, 만 원이면 되겠다고 반을 후려칩니다. 저는 어머니 옆에서 깜짝 놀라 가슴이 뜁니다. '저렇게 무식하게(?) 깎아달라고 해도 될까?' 하고 말입니다. 당연히 주인은 터무니없는 에누리라고 손사래를 칩니다. 그런데 제가 진짜 이해할 수 없었던 것은 그래도 주인이 사지 말고 가라는 소리를 안 한다는 겁니다. 주인과 어머니는 끝까지 흥정을 하려고 애썼고, 심할 때는 그렇게 반으로 후려친 가격에 흥정이 이루어질 때도 있었습니다. 어머니가 돈을 지불하면 가게 주인은 "아줌마가 하도 깎아서 남는 것이 없다"라고 꼭 한마디를 덧붙였던 기억이 납니다.

다음에 벌어진 일은 더 기가 막힙니다. 옷을 사고 계속 시장을 돌아다니다가 그 상점 앞을 다시 지나게 되었습니다. 그랬더니 옷가게 주인은 우리를 보고, "아줌마, 좋은 거 많으니까 또 와 봐" 하십니다. 아까까지만 해도 흥정을 하는 바람에 밑지고 판다고, 아줌마가 너무 깍쟁이라 못 팔겠다던 상점 주인은 뻔히 가격을 후려칠 어머니를 향해 적극적으로 호객행위를 하는 것입니다. 어린 시절 저의 눈으로는 도저히 이해가 되지 않던 어른들의 세계였습니다. 요즘이야 재래시장에도 가격 정찰제가 시행이 돼서 이런 풍경은 많이 사라졌지만, 그래도 낯설지 않은 우리의 상거래 풍속입니다.

뭐든 조금 귀찮다 싶으면 쉽게 양보하고, 부르는 대로 가격을 지불하는 습성이 있는 저와 달리 단 돈 얼마라도 아끼시는 분이 어머니입니다. 명색이 학교에서 경제를 가르치고 경제 이론을 줄줄 꿰고 있는 저이지만, 실제로 돈을 아끼는 재주는 어머니가 더 강한 것이 사실입니다.

어른이 되어서야 저의 어머니가 가격을 후려치며 흥정하는 것은 나름대로 삶 속에서 얻어낸 게임의 방식이라는 것을 알았습니다. 절대적으로 정보의 비대칭이 이루어지는 재래시장에서 '가격 후려치기'는 최대의 이익을 추구할 수 있는 최선의 방법이었고, 어머니는 이것을 체득하고 계셨던 것입니다.

어머니의 전략 중에 또 하나는 모르는 상품에 대해서는 안 듣고 안 사신다는 것입니다. 한번은 모 피라미드 회사가 주방용품을 나눠준다고 하면서 동네 아주머니들을 몰고 갔습니다. 저의 어머니 역시 공짜로 그릇을 준다고 하니 따라가셨던 모양입니다. 어머니가 하시는 말씀이 2시간 정도 수업(?)만 듣고 오면 과일 담는 큰 접시를 주길래 다녀오셨다면서, 공짜로 받아온 물건을 자랑하시는 것이었습니다. 2시간 동안 수업 듣는 것도 고역일 테고, 또 그 사람들이 물건 안 사는 사람을 좋아하겠냐고 아무리 말씀드려도, 늘 가면 또 왔냐고 직원들이 친절하게 맞이한다고 하시면서 몇 번이나 더 가시더군요. 그러다 피라미드에 빠지시면 어쩌나 걱정도 했지만, 그것은 기우였습니다. 어머니는 2시간 동안 딴 생각만 하다 오시는지, 아니면 들어도 관심이 없으셨던지 연신 공짜 물건만 잘 받아오셨습니다.

어머니는 집 옆에 있는 백화점에서 파는 미끼 상품을 구매하러 가셔도 딱 그 물건만 사 오십니다. 백화점이나 마트에서는 고객을 끌어 모으기 위하여 한 개에 10원짜리 요구르트 같은 것을 판매합니다. 한정 수량으로 판매하여 고객들이 몰려오게 하고, 그들이 다른 상품을 구매하게 하는 전략입니다. 그러나 어머니는 딱 미끼 상품만 사시고 다른 물건은 절대 사 오시지 않습니다. 대형마트만 갔다 하면 이것저것 카트에 한가득 담아오는 저의 쇼핑 습관과는 참 대조되는 생활 방식입니다.

성인이 되어 어머니와 함께 재래시장이 아닌 대형마트로 장을 보러 가도 어머니는 여전한 실력(?)을 보여 주십니다. 한번은 함께 냉

장고를 사러 가전 마트에 갔는데, 어머니가 점원에게 깎아 줄 수 없냐고 물어보시는 것입니다. 저는 옆에 있다가 창피해서 이런 데는 정찰제라 안 깎아 준다고 눈치를 주었지만, 어머니는 꿋꿋하게 "안 깎아 주면 안 사" 하시며 배짱을 부리셨습니다. 결과는 저의 예상을 보기 좋게 빗나가고 어머니의 승리로 끝이 났습니다. 점원은 지불을 카드로 할 건지 현찰로 할 건지 물어보더니, 현찰이면 좀 깎아 주겠다고 선선히 나서더군요.

대학원까지 나온 제가 초등학교 졸업이 최종 학력인 어머니에게 배워야 할 세상의 이치가 아직 많다는 것을 그때 느꼈습니다. 이른바 경제학에서 이야기하는 '정보의 비대칭' 속에서 어머니는 늘 최선의 결과를 만들고 계셨습니다.

교육도 충동구매한다

충동구매는 제가 종사하고 있는 교육 분야에서도 자주 일어납니다. 왜 그런가 생각해 보았더니, 교육은 투자 대비 효과가 가장 불확실한 상품이기 때문입니다. 따라서 효용이 나타나지 않아도 판매자는 여러 핑계를 댈 수 있습니다. 개인별로 얻는 효용이 제각각이다 보니 실력을 키워 준다거나 취직만 된다고 하면 불경기에도 소비자는 아낌없이 구매합니다. 교육에는 사람들의 불안 심리가 가장 많이 작용하기 때문에 불안감을 이용한 구매 유도가 상당히 용이합니다.

대표적인 케이스가 학원입니다. 제가 학원에 있던 선생님에게 직접 들은 이야기가 있는데 가히 일반적인 사례라 할 수 있어 소개합니다. 일단 학부모가 학원으로 상담을 하러 오면 여러 이야기를 해 줄 수 있습니다. 가장 먼저 학부모의 관심 부족과 전략 부재를 탓합니다. 언제나 자기 아이가 남들보다 못하면 어쩌나 노심초사하는 어머니들은 자신이 손님이고 돈을 주는 구매자라는 사실을 잊고 학원 선생님 앞에서 죄인이 된 듯한 기분을 느낍니다. 이때 입시 정보에 어두운 학부모일수록 기 싸움에서 밀리기가 쉽습니다.

다음은 일반적으로 모두에게 통용이 되는 이야기를 해주면 됩니다. 학생을 앞에 두고 이야기하면 더욱 효과적입니다. "수업 시간에 들을 때는 알겠는데, 막상 시험을 보면 문제가 잘 풀리지 않지? 가만히 보니 공부하는 습관이 배어 있지 않구나? 의지력이 부족한 편이구나. 책상에 오래 앉아 있어야 하는데…. 어머니, 이 학생은 누구 잡아 주는 사람만 있어도 성적이 오를 것 같습니다."

여기에 학생이 몇 번 맞장구를 쳐 주기 시작하면 학부모의 얼굴에는 드디어 희망을 찾았다는 표정이 나타납니다. 어느 순간 점쟁이 말에 넘어가듯 학원 강사의 상담에 쏙 넘어가서 학원 문을 나설 때가 되면 "선생님만 믿습니다"라는 말이 어머니 입에서 절로 나오게 됩니다. 여기에 학원 강사도 부응을 합니다. "저와 학원을 믿고 6개월만 맡겨 주십시오. 좋은 결과가 있을 겁니다."

그때부터 학생도 무엇에 홀린 듯 학원에 열심히 나갑니다. 그러나 경험으로 알 수 있듯이 그것은 오래 가지 않습니다. 게다가 성적이 안 오르는 것이 학원 잘못인지, 학생의 의지박약 때문인지는 분명하지 않습니다. 6개월 후에 성적이 오르지 않았다고 항의를 하는 학부모도 없지만, 항의를 한다 해도 강사가 할 말은 준비되어 있습니다. 학생이 너무 노력을 안 한다고 책임전가를 하면 됩니다. 학생을 앞에 두고 "네가 정말 최선을 다했다고 생각하니?"라고 물어보면 대부분은 고개를 떨구게 됩니다. 하지만 세상에 어떤 일에 있어서든 최선을 다했다고 말할 수 있는 사람이 몇이 되겠습니까? 더구나 만약 그렇게 최선을 다할 수 있는 학생이었다면 학원에 가서 도움을 청하지도 않았을 것입니다. 학원 강사가 애초에 양립이 불가능한 사실을 전제에 두고 자신의 논리를 펼치는 모순적인 어법을 구사하지만, 대부분의 학부모는 그것을 알아채지 못합니다.

저야 학생들을 가르치는 입장이라 교육이라는 것이 어떤 매커니즘하에서 돌아가는지 잘 알고 있기에 교육 방법에 대한 정보 부족을 느끼지는 않습니다. 그러나 학부모들은 그렇지 않은 경우가 대부분이고, 그렇기에 사교육 기관의 온갖 감언이설에 넘어갈 수밖에 없습니다. 심지어 동료 교사 중에서도 사교육 문제에 대한 판단이 서지 않아 저에게 물으시는 경우도 있습니다.

외국에 몇 년 계시다가 오신 선생님이었는데, 그 바람에 자녀가 국어와 사회 과목에 취약해서 과외를 시킬까 하고 강사를 만나셨답니다. 아이가 고1 말이라 사회탐구영역에 관련된 과목을 미리 준비시키려는데, 강사가 내신 관리보다는 수능에 역점을 둬서 가르치겠다고 했답니다. 저에게 어떻게 하면 좋겠냐고 물어보시길래 "수능까지 2년 남았으니 중간에 검증 절차 없이 안정적인 수입원을 창출하겠다는 속셈입니다"라고 말씀드렸습니다. 그 선생님은 알았다고 하시더니 나중에 여쭤보니까 과외 강사를 부르지 않았다고 합니다.

적어도 사회 과목에서 '내신 따로, 수능 따로'라는 말은 성립할 수 없습니다. 물론 내신 성적은 좋은데 수능이 잘 나오지 않는 경우가 종종 있기는 하지만, 그것은 다른 변수가 작용하는 것이지, 가르치는 방식에 있어서 둘을 구분할 수는 없습니다. 이런 일을 겪다 보니, 교사도 자신이 맡은 교과 외에는 정보가 부족한데 학부모들은 오죽하겠냐는 생각이 들었습니다.

어렵사리 대학에 진학한 학생들을 가장 많이 울리는 사기는 자격증에 관련된 것입니다. 아직도 기억이 생생한데, 미래에 대한 꿈에 부풀었던 저의 대학 새내기 시절 이야기입니다. 첫 강의가 끝난 교실에 한 세일즈맨이 들어왔습니다. '판매사' 자격증 대비 수험서와 테이프를 팔려고 들어온 것입니다. 뒤에 알아본 일이지만 대졸자에게 판매사 자격증은 취업에 전혀 도움이 되지 않습니다. 백화점 점원을 해도 손님의 비위를 잘 맞춰 물건을 파는 것이 최고지, 자격증은 필요하지 않으니까요. 그러나 "공인회계사도 초창기에는 따기 쉬웠지만 지금은 어려워졌듯이, 판매사 자격증 따기도 앞으로 어려워질 테니까 쉬울 때 미리 공부하라"라는 말에 몇몇 동기들이 그 제품을 구매하였습니다. 그래서 그 자격증을 딴 친구가 있었는지는 확인하지 못했지만, 판매사가 돼서 취직하는 데 도움이 되었다는 말은 아직까지 듣지 못했습니다.

자격증 마케팅과 관련하여 이런 일도 있었습니다. 제가 컴퓨터학원에서 강사를 하면서 박봉에 근근이 생활하고 있을 때의 일입니다. 좋은 자격증이 있다면서 텔레마케팅 전화가 왔습니다. '공인물류사' 자격증이 그렇게 좋으니 준비해 보라는 것이었습니다. 그러려니 하면서 전화를 끊으려고 했지만, 상대방은 집요했습니다. 그때만 해도 모질지 못한 성격 탓에 전화를 끊지 못하고 그냥 듣게 되었는데, 이야기하는 것이 갈수록 가관이었습니다. 텔레마케터는 지금 좀 어렵게 살지 않느냐면서 이 자격증을 따면 현대나 삼성 같은 일류 대기업에 바로 취직할 수 있고, 자격증을 빌려만 주어도 월 수입이 보장된다고 했습니다. 저는 "그렇게 좋은 자격증을 취득하려면 공부를 많이 해야 할 텐데, 저는 지금 다른 일이 있어서 그런 공부를 할 시간이 없다"라고 말하고 끊으려고 하였습니다. 그랬더니 자기 회사의 수험서로 하루 30분씩 한 달만 공부하면 자격증 취득이 가능하다고 꼬드기는 것입니다.

　상대방을 합리적으로 이해시키려는 노력이 언제나 좋은 것만은 아니라는 생각이 들 때가 있습니다. 그때도 처음에 그냥 끊었어야 상대방도 좋고 나도 좋을 일을 인정에 끌려 계속 듣고 있다가 결국 저의 못된 성질이 발동하여 상대방에게 톡 쏘아붙이게 되었으니 말입니다.

　"아니, 이보세요. 그렇게 좋은 자격증을 한 달 만에 딸 수 있다는 말이 거짓말이고, 한 달에 딸 수 있다면 현대나 삼성에 무조건 취직할 수 있는 자격증이라는 게 거짓말이죠. 그리고 그게 그렇게 좋은 거면 당신이 이런 이야기할 시간에 준비해서 따면 될 것 아녜요!"

　전화를 끊으면서 '내가 좀 너무했나' 하는 생각도 들었지만, 뻔히 보이는 사기를 치는 것에는 참을 수가 없었습니다. 지금도 위나 아래나 눈에 뻔히 보이는 거짓말을 하는 것을 못 참을 때가 많아서, 아내의 걱정을 자주 삽니다. 그렇게 사람을 퇴로도 안 열어주고 몰아붙여 버리면 안 된다고 말입니다. 그런 이야기를 들을 때면 그러지 말아야지 하다가도 누가 말도 안 되는 소리를 한다 싶으면 여지없이 논리의 밑바닥을 드러내고야 마는 습성이 쉽게 고쳐지지는 않는 것 같습니다.

누구나 소비자다, 그러나 모두가 현명한 소비자는 아니다

물건을 파는 사람의 입장에서는 소비자에게 알려 줄 수 없는 영업 기밀이라는 것이 있을 수밖에 없습니다. 판매자에게 원가를 물어보는 것이 실례인 이유는 원가가 영업 기밀에 해당되기 때문입니다. 문제는 이러한 영업 기밀을 어디까지 인정해야 하는지입니다. 판매자는 절대로 영업상의 기밀을 소비자에게 알려 주지 않습니다. 만약에 원가가 얼마이고 이윤이 얼마인지 소비자가 알게 되면, 가격 흥정에 있어서 권력의 균형추는 금방 소비자에게 넘어가게 됩니다. 그래서 가게에서 판매자가 계산기를 두들길 때 절대로 손님이 못 보게 하는 것입니다.

아파트 값 폭등으로 인하여 논란이 되었던 분양 원가 공개 문제도 이런 종류의 논쟁이었습니다. 아파트 값이 너무 오르자 도대체 원가가 얼마인지 공개하라는 여론이 높았고, 건설사 측에서는 영업 기밀이라 도저히 알려 줄 수 없다는 논리를 폈습니다. 일반적으로는 건설사의 논리가 맞습니다. 누가 과자를 살 때 가게 주인보고 원가가 얼마냐고 물어보겠습니까? 다만 아파트의 경우에는 집이 공공재적 성격을 강하게 띠고 있어서 정상적인 상거래 규칙만으로 해결할 수 없다는 인식의 차이에서 논란이 비롯된 것입니다. 아파트가 시장에서 거래되는 상품 이상의 의미를 지니고 있으므로 분양 원가 공개도 가능한 것 아니냐는 이야기도, 그런 의미에서 설득력을 얻고 있습니다.

만약에 분양 원가가 완벽하게 공개된다면 가격 결정의 주도권은 그 순간에 소비자에게 넘어갑니다. 지금이야 건설사가 3.3제곱미터당 얼마에 분양한다고 하면 수요자는 그냥 그 가격에 살 수밖에 없는데, 이 상황이 달라질 수 있는 여지가 생깁니다. 이는 가격 결정이라는 시장 게임에서 서로 우위에 서려는 권력 싸움입니다.

결국 소비자가 손해를 보지 않고 합리적인 소비를 하기 위해서는 보다 많은 정보를 알고 있어야 합니다. 모르면 속을 수 있고, 권력을 넘겨주게 되며 비합리적으로 많은 돈을 지불하고 상품을 사게 됩니다. 그래서 소비자의 권리 중에 가장 중요한 권리가 '제품에 대하여 충분하게 설명을 들을 권리'입니다. 충분하고 올바른 설명을 들어야만 소비자는 이 상품이 자신에게 필요한 물건인지 아닌지 여부를 판단할 수 있게 됩니다.

또 하나 짚고 넘어갈 소비자의 중요한 권리는 '제품으로부터 안전할 권리'입니다. 많은 상품들이 거래되다 보면 제품에 하자가 있는 경우도 있을 수 있고, 어떤 경우에는 소비자에게 치명적인 위해를 가할 수도 있습니다. 대표적인 사례가 LG압력밥솥이었습니다. 이 제품은 몇 번의 리콜을 거쳤는데도 밥솥이 터져버리는 불량이 발생하였습니다. 말이 불량이지, 밥솥이 터지면 가정에서는 폭탄이 터진 것이나 마찬가지입니다. 이 경우는 상품의 불량이 명확하여 회사에서 모든 책임을 졌지만, 일반적으로는 상품의 불량으로 입게 된 신체상 위해에 대하여 보상을 받기가 쉽지 않습니다. 피해를 입은 사람이 제품의 잘못으로 인하여 피해를 입었음을 증명해내야 하기 때문입니다. 어려운 말로는 이를 '입증책임'이라 하는데, 상품에 대한 정보가 부족한 상황에서 소비자가 제품의 하자로 인한 피해를 증명해 내기 쉽지 않을 때가 많습니다. 그래서 거래상의 약자인 소비자를 위하여 제조업자의 과실이 없어도 배상 책임을 지도록 하는 특별법인 '제조물책임법Product Liability:PL'이 제정되어 시행되고 있습니다. 즉, 제조업자에게 무과실책임주의 원칙이 작용하여, 직접적인 과실이 입증되지 않아도 제품의 결함으로 인하여 손해가 생겼을 때에는 이를 배상하도록 명문화하고 있습니다. 따라서 과실책임주의를 따르고 있는 민법의 일반 손해 배상에 비하여 훨씬 피해 보상을 받기가 쉬워졌습니다.

　무과실책임주의는 환경 분쟁에서도 원칙적으로 적용됩니다. 환경오염으로 인한 피해도 증명해 내기가 쉽지 않습니다. 엄격한 증거를 요구하게 되면 거의 대부분의 사건에서 손해 배상을 받기가 어렵습니다. 그래서 피해를 입을 개연성만 있어도 환경 피해에 대해서는 손해 배상을 받을 수 있도록 되어 있습니다. 이 모든 것이 상대적으로 약자인 소비자를 보호하기 위한 장치들입니다.

　미국의 경우는 소비자 보호에 대하여 엄격하기로 유명합니다. 1992년에 한 할머니가 맥도널드 햄버거를 상대로 제기한 손해 배상 청구소송이 그 대표적인 사례입니다. 할머니는 맥도널드에서 뜨거운 커피를 테이크아웃으로 구입해 차에 탄 후 주행하던 중에 커피를 쏟아 3도 화상을 입었다고 합니다. 그래서 손해 배상을 청구한 결과 신체적 손해 배상 및 기업에 대한 징벌적 손해 배상 명목으로 270만 달러를 받아냈다고 합니다. 당시 사람들은 말도 안 되는 소송이라고 했지만 결국은 할머니가 승소한 이후, 커피회사는 컵에 "커피가 뜨거우니 조심하세요"라는 문구를 삽입하게 되었다고 합니다. 담배회사를 상대로 폐암환자들이 손해 배상을 청구한다든지, 코카콜라나 패스트푸드 업체들을 대상으로 건강상 위해에 대한 손해 배상을 청구하는 것도 모두 엄격한 소비자 보호와 관련이 깊습니다.

물론 이런 소비자 보호 정책이 부작용을 일으키기도 합니다. 한인 세탁소를 상대로 미국의 로이 피어슨이라는 워싱턴 행정심판소 판사가 제기한 '바지소송'이 그 예입니다. 너무 황당한 소송이라 우리나라 언론에 소개되어 유명해진 이 사건은 한인 세탁소에서 바지 한 벌을 잃어버리면서 시작되었습니다. 로이 피어슨판사는 바지 한 벌을 분실한 데 대한 보상금으로 5400만 달러나 요구했는데, 그 금액은 다른 동네 세탁소에 주 1회 렌터카를 빌려서 가는 비용까지 포함하여 산정된 것입니다. 미국이 사소한 분쟁에도 소송이 많이 일어나고 소비자에 대한 보호가 투철한 나라이긴 해도, 이 사건은 확실히 지나친 감이 있어서 미국 내에서도 많은 화제가 되었다고 합니다. 다행히 세탁소를 운영하는 우리 교포에 대한 동정 여론이 많았고 판결도 상식에 어긋나지 않게 나왔지만, 미국 사회의 일면을 보여 주는 사건이었습니다.

법적으로 이렇게 약자인 소비자를 위하여 장치를 마련해 놓고 있지만, 소비자가 합리적인 선택을 하지 않으면 끝까지 보호해 주기는 어렵습니다. 선택상의 사소한 정보 부족이나 상술에 넘어간 것까지 법이 보호하지는 않기 때문입니다. 그러나 학원 선전을 하거나 제품 판매를 하는 사람들의 이야기에는 일정한 패턴이 있음을 기억하면 피해를 줄일 수 있습니다. "이 자격증을 따면 취직이 잘 될 것이다" 내지는 "이 건강보조 식품을 먹으면 노력하지 않아도 살이 빠진다" 라는 이야기 등은 어지간하면 사실이 아닐 가능성이 높습니다. 취직에는 실력이 뒷받침되어야 하고, 살을 빼는 것은 땀을 쏟는 노력이 없고서는 불가능합니다. 좋은 목표로 가는 쉬운 길이 있다고 말하면 둘 중 하나는 거짓말입니다. 좋은 목표가 아니든지, 쉬운 길이 아닐 것이란 이야기입니다.

좋은 제품이라고 지나치게 과장하는 것도 마찬가지입니다. 정말 좋으면 써 본 사람들이 이야기해 줍니다. 그리고 '이번이 아니면 기회가 없다'라는 말은 '밑지면서 판다'라는 말과 똑같은 거짓말입니다. 가전제품의 경우는 새로운 제품이 출시되면 예전 모델은 더 싸집니다. 그러니 이번이 마지막 기회라는 것은 존재할 수 없습니다. 이번 기회가 지나 시간이 흐르면 물건을 더 싸게 살 기회가 남아 있을 뿐입니다. 자기가 정말 필요를 느낄 때 산다면, 더욱 저렴한 가격에 구입할 수 있는 셈이지요.

어떤 상품이든 구매를 할 때는 느리게 사는 지혜를 한번 가져볼 만하다고 생각합니다. 최신 첨단 기종을 구입한다고 많은 돈을 쓰지만 실은 그 모든 기능을 다 써 보지도 못하고 제품의 수명이 다 하는 경우도 많습니다. 남들처럼 빨리 구매하고 싶은 욕망만 던져 버린다면 한결 여유로운 소비 생활을 할 수 있습니다.

자본주의는 남들보다 더 빨리 좋은 제품을 갖고자 하는 인간의 욕망을 이용합니다. 하지만 그 욕망으로부터 자유로울 수 있다면 자본주의 사회에서 노예가 아닌 주인으로 살아갈 수 있습니다.

자본주의 사회에서는 모든 사람이 소비자로서 살아갑니다. 시장에서 이익을 얻으며 사는 사람은 합리적 선택을 할 줄 아는 사람입니다. 바로 여러분들이 그런 사람들이기를 바랍니다.

집단 소송제가 간다, 소비자 무서운 줄 알라!

미국에는 소비자 보호를 위한 집단 소송제Class Action가 있다. 일반적으로 피해를 입은 사람이 손해 배상을 받기 위해서는 직접 민사상 손해 배상 청구소송을 해야 하는데, 개별 소비자가 소송을 걸기에는 부담이 너무 크다는 난점을 해소하기 위한 제도다.

무서워서 피하나? 엄두가 안 나서 피한다!

지금은 대량생산과 대량소비가 이루어지는 시대다. 그래서 제품에 사소한 하자가 생길 경우, 피해는 광범위하게 퍼지는 반면에 소비자가 손해 배상을 받는 경우는 드물다. 소비자가 재판에 승소하더라도 배상액이 너무 적고, 소송에 들어가는 시간이나 돈은 너무 크기 때문에 아예 소송은 엄두도 못 내기 때문이다.

그러나 집단 소송제가 도입된다면 피해를 입은 일부 소비자가 전체 피해자를 대표해서 소송을 제기할 수 있다. 여기서 승소하면 소송을 건 당사자는 물론이고 피해를 입은 모든 사람이 손해 배상을 받을 수 있다. 어느 날 집단 소송에서 승소했다는 편지와 함께 1,000원짜리 한 장으로 바꿀 수 있는 소액환을 우편함에서 발견할 수 있다는 뜻이다. 소송을 걸었는지조차도 모르던 사람들이 말이다. 우리나라에도 기업의 사회적 책임을 상기시키고, 공익보호를 위한 제도적 장치로 집단 소송제를 도입해야 한다는 의견이 있다.

미국에는 오랜 기간 판례가 누적이 되어, 법률안이 입법되고 개정되는 절차를 거쳐 집단 소송제가 일반화되어 있다. 2007년에 대한 항공은 타 항공사와 운임을 담합하여 미국 법무부로부터 3억 달러의 벌금을 부과받고, 미국 소비자들로부터 손해 배상을 청구당하는 집단 소송에 휘말린 것으로 알려졌다. 독일에는 공익 단체에 소송 수행자격을 주는 단체 소송 Verbandsklage이 있다. 우리 현실에 빗대어 말하면 소비자 보호와 관련된 시민단체가 대표 자격으로 소송을 진행할 수 있는 것이다.

집단 소송의 밝은 면과 어두운 면, 어느 쪽이 좋은 사회를 만들까?

그러나 기업을 중심으로 집단 소송제에 반대하는 의견도 만만치 않다. 특히 소송이 남발되는 미국에서는 집단 소송을 통해 소비자에게 돌아가는 이익은 미미한 데 비해, 변호사들은 거액의 수수료를 받는다는 비판이 힘을 얻고 있다. 그런 까닭에 집단 소송을 두고 '소비자에게 쿠폰 몇 장씩 들려 주기 위한 소송'이라는 비난을 듣기도 한다. 집단 소송을 당한 기업은 과실의 사실 여부와 관계없이 이미지가 실추되고 여론재판에 의해 돌이킬 수 없는 피해를 입는다는 문제점도 있다. 특히 관행화된 불법이 많은 우리나라 현실에 집단 소송제가 도입되면 살아남을 기업이 없을 것이라는 현실론도 도입 반대 논거의 큰 부분을 차지하고 있다. 기업을 망하게 하면 결국 그 피해는 국민경제에 돌아간다는 논리다.

우리나라에는 증권 집단 소송제가 입법되어 증권거래 분야에만 집단 소송제가 도입되어 있다. 그러나 아직도 한쪽에서는 이미 도입된 증권 집단 소송제도도 손질을 해야 한다고 하고, 또 한쪽에서는 집단 소송제를 증권분야에서 모든 분야로 확대해 적용해야 한다고 주장하고 있다.

12장
당신의 지식을 셈하는 세상의 기준

지적재산권
인간의 지적 창작물을 보호하는 무체無體의 재산권이다.

죽어서도 돈버는 비밀

미국의 경제전문지 「포브스Forbes」는 매년 사망 후에 최고의 수입을 벌어들인 사람을 조사하여 순위를 발표합니다. 무덤에 있는 사람이 노동을 하는 것도 아닌데, 죽어서도 돈을 번다고 하면 다들 의아해하실 것입니다. 그러나 힘들긴 해도 아주 불가능한 것은 아닙니다. 바로 지적재산권을 통한 수입이 그 비밀입니다. 누가 그랬던가요, '인생은 짧고 예술은 길다'라고 말입니다.

2006년 순위에서 1위는 전설적인 로큰롤의 제왕 엘비스 프레슬리 Elvis Presley라고 합니다. 프레슬리는 그해에만 4,900만 달러를 벌어들였다고 합니다. 어림잡아서 우리 돈으로 490억 원을 번 것입니다. 2007년은 그가 죽은 지 30년이 되는 해여서 수입이 더욱 늘어났다고 합니다. 2위는 비틀스Beatles의 멤버인 존 레논John Lennon이 차지했다고 합니다. 이래저래 대중들을 상대로 하는 음악이 죽어서도 가장 많은 돈을 벌게 해주고 있습니다.

지적재산권은 저작권과 산업재산권으로 나뉩니다. 저작권은 문학, 학술 또는 예술의 영역에서 창작된 저작물에 대한 권리이고, 산업재산권은 특허나 실용신안처럼 산업 분야의 기술적 창작에 대한 배타적인 독점권을 인정하는 것입니다. 죽어서도 많은 돈을 벌어들인 사람들의 지적재산권은 주로 저작권에 관련되어 있습니다. 이런 저작권의 존속 기간이 저작자가 죽은 후 50년까지 보장되기 때문입니다.

사후 50년이라는 기준은 베른조약이라는 국제법에 따른 것입니다. 현재 이 조약에는 150개국이 넘는 나라가 가입되어 있고, 이 조약에서는 최소 저작권 보호 기간을 사후 50년으로 잡고 있습니다. 보호 기간은 국가마다 조금씩 차이가 있는데, 미국은 사후 70년간 지적재산권을 보호해 주고 있습니다. 미국의 보호 기간이 20년 더 긴 것은 미키마우스와 곰돌이 푸우와 관련이 깊습니다. 미국에서 개발된 캐릭터인 미키마우스와 곰돌이 푸우가 연간 전 세계에서 벌어들이는 로열티가 각각 약 60억 달러 정도로 알려져 있습니다. 우리 돈으로 6조 원 정도의 엄청난 돈을 캐릭터 하나가 거두어들이고 있는 것입니다. 그런데 곰돌이 푸우의 저작자인 앨런 알렉산더 밀른 Alan Alexander Milne이 1956년 사망해서, 50년을 기준으로 하면 2006년에 저작권 보호가 이미 만료되었습니다. 미키마우스의 원작자인 월트 디즈니Walt Disney는 1966년에 숨졌기 때문에 미키마우스 저작권 보장 기간은 2016년까지입니다. 미국 입장에서 원작자의 사후 50년 동안만 막대한 수입을 올리기에는 너무나 안타까웠을 것입니다. 결국 미국은 국내법을 개정하여 저작권 보호 기간을 사후 70년으로 연장했습니다. 그래서 이 법안은 '소니 보노 저작권 보호 기간 연장법안Sonny Bono Copyright Term Extension Act'이라는 정식 명칭보다는 '미키마우스 보호 법안'이라는 별칭으로 더 잘 알려져 있습니다.

베른조약에는 국가마다 저작권 보호 기간이 다를 경우에 최소 50년의 기준만 지켜진다면, 그 다음부터는 상호주의 원칙에 따라 저작권 보호 기간이 짧은 쪽을 따르도록 되어 있습니다. 따라서 우리나라는 사후 50년까지만 미키마우스나 곰돌이 푸우를 보호해도 상관이 없었습니다. 적어도 한미 FTA가 체결되기 전까지는 그랬습니다.

미국은 한미 FTA를 체결하면서 지적재산권 보호 기간의 연장을 집요하게 요구했다고 합니다. 우리나라에서 막대한 수입을 얻을 수 있다는 계산 때문이었을 것입니다. 지루한 협상 끝에 결국 지적재산권의 사후 보장 기간은 70년으로 늘어났습니다. 결국 우리는 2036년까지 막대한 사용료를 지불하며 미키마우스 캐릭터를 사용하게 되었습니다.

가끔 주위에서 상속에 관련된 이야기를 듣게 되면 '나는 아들에게 재산을 얼마나 물려줄 수 있을까'라는 생각을 하게 됩니다. 아직 젊은 나이에 너무 이른 생각이긴 하지만, 뭐 딱히 물려줄 재산이 없겠다는 생각이 듭니다. 아니, 지금의 저축 속도와 노후에 필요한 자금을 생각하면 늙어서 짐이 되지나 않으면 다행일 것 같습니다. 그래서 지적재산권이 될 만한 것을 만들면 좋겠다는 희망을 갖기도 합니다.

　『태백산맥』,『아리랑』,『한강』 등 10권이 넘는 굵직한 대하소설을 써 내며 한국 문학의 최고봉에 선 소설가 조정래의 인세 수입은 상당한 것으로 알려져 있습니다. 100만 부가 넘게 팔린 베스트셀러이자 지금도 꾸준히 팔리는 스테디셀러의 작가이니 지금 그는 속된 말로 돈방석에 앉아 있을 것입니다. 조정래 작가는 자신이 죽은 후에 벌어들일 수입을 상속받게 될 후손들에게, 육필로 자신의 책을 베껴 쓰도록 시켰다고 합니다. 조상의 노동으로 거저 얻을 수익에 대하여 생각할 기회를 주고자 하는 의도가 아닌가 싶습니다. 이 이야기는 수업 시간에 지적재산권에 대해서 가르칠 때 많이 들게 되는 예화인데, 학생들에게 "내가 후손이라면 한 번이 아니라 열 번을 쓰라고 해도 다 쓰겠다"라는 농담을 하기도 합니다. 여하튼 조정래 작가에 의하면 자식, 며느리들은 두말없이 예상보다 짧은 기간에 임무(?)를 완수했다고 합니다.

지식이 개인의 소유라고 말할 수 있는가

　지적재산권을 어느 정도 보호해야 하는가의 문제는 논란의 여지가 있습니다. 단순하게 생각하면 내가 만든 것이니 모든 이익을 내가 가져가는 것이 옳아 보일 수도 있지만, 그렇게 간단하게 생각할 수만은 없습니다. 저는 지금 제 머리와 손을 움직여 이 글을 쓰고 있지만, 글의 재료가 되는 지식이 온전히 제 것이라고는 생각하지 않습니다.

논문을 쓸 때도 기억이 나는 대로 각주를 붙이고 내가 가지고 있는 지식의 근거를 밝히려고 애쓰지만, 근거를 알고 있는 지식보다는 누구로부터 얻었는지도 모르고 대가를 지불하지도 않고 얻은 지식들이 더욱 많습니다. 때로는 나의 개인적인 생각인 줄 알았는데 선현들의 책을 읽으면서 '아, 내가 여기에서 영향을 받았구나!' 하고 깨달을 때도 있고, 때로는 나의 생각이라고 떠들었던 지식들이 과거에 읽었던 책 속 지식일 뿐이며, 저는 단순히 그것을 되뇌인 것에 불과하다는 사실을 알게 될 때도 많았습니다. 적어도 지적인 분야에서 순수하게 내 것이란 없는 것입니다.

삼성 휴대폰인 애니콜에 채택이 되어 엄청난 부가가치를 생산해 내고 있는 한글 문자 입력 방식인 '천지인'만 해도 그렇습니다. 저도 여러 종류의 휴대폰을 써 봤지만 개인적으로 천지인 입력 방식을 선호합니다. 모음의 입력 방식이 단순하여 마치 연필로 글을 쓰듯이 입력할 수 있어 편리하기 때문입니다.

그런데 천지인 입력 방식의 지적재산권 문제를 가지고 삼성과 개인, 삼성에 있던 직원 간에 여러 법적 분쟁이 일어났고, 지금도 진행 중에 있습니다. 사전에 조정이 이루어진 경우도 있고 지금까지 법적 절차가 진행이 되는 것도 있지만, 모두 막대한 이익을 창출하는 지적재산권을 누가 가질 것인가의 문제 때문에 발생한 일입니다. 삼성 직원과의 분쟁에 있어서 쟁점은, 개인이 어렸을 때부터 가지고 있던 아이디어를 삼성에서 현실화했는데, 그 아이디어에 대한 권리를 인정해야 하는지였습니다. 이 분쟁은 삼성이 거액의 합의금을 지불하는 것으로 마무리되었다고 합니다.

그런데 한편으로 생각해 보면 천지인의 입력 방식을 최신 디지털 문명 기기인 휴대폰에 채택했다고 해서, 이 지적재산권을 어느 개인이 독점적으로 가진다는 것이 맞는 일인가 의심스럽습니다. 한글 창제 원리인 천지인의 지적소유권은 세종대왕이 가지고 있다고 봐야 합니다. 천지인 문자 입력 시스템이 만들어진 것은 세종대왕이 한국인 모두에게 천지인이라는 아이디어를 제공했기 때문일 것입니다. 누가 옳고 누가 그르냐를 떠나 한글 창제 원리인 천지인은 우리의 공유 재산입니다. 그런데 지금 한 개인이 세종대왕의 생각을 가지고 특허를 얻어 막대한 이익을 얻고 있다고 볼 수도 있습니다.

그렇다고 제가 특허제도 자체를 부인하는 것은 아닙니다. 어느 정도는 제작자에게 독점적 권리를 인정해 주어야 개발의 의지가 생기는 것이 시장의 기본적인 원리입니다. 다만 이러한 개발이익을 너무 오랜 기간 독점적으로 주는 것은 인류의 유산인 지식이 더욱 많은 효용을 가져올 기회를 뺏는 셈이 됩니다.

이런 생각이 발달하여 생긴 전 세계적인 시민 운동이 카피레프트 Copyleft 운동입니다. 카피레프트는 지적재산권의 영어 표현인 카피라이트 Copyright와 반대되는 개념으로 창안된 운동입니다. 주로 우파는 개인주의와 시장원리를 강조하고, 좌파는 공동체주의와 정부의 개입을 찬성하는 경향이 많은데, 우파right의 개념인 권리와 오른쪽 right이라는 말을 절묘하게 역이용하여 카피레프트가 만들어졌습니다. 지적재산권의 보호가 가난한 발명가가 아닌 강한 다국적 기업들의 독점적 이익을 보장해 주고 있는 현실에서 카피레프트 운동은 큰 의미를 지닙니다.

카피레프트 운동을 이야기할 때 빼놓을 수 없는 사람이 리처드 스톨만Richard Stallman입니다. 사람들은 종종 카피라이트의 대표로 마이크로소프트사社의 빌 게이츠Bill Gates를, 카피레프트 운동의 대표로 리처드 스톨만을 비교해서 이야기합니다. 잘 알려져 있다시피 빌 게이츠는 MS-DOS 시절부터 시작해서 윈도우즈 시리즈로 떼돈을 번 사람입니다. 이에 비하여 리처드 스톨만은 빌 게이츠만큼 대중들에게 알려져 있지는 않지만, 카피레프트 운동을 하는 사람들 사이에서는 최고의 신화로 평가받고 있습니다. 그는 미국 MIT 출신으로 천재적인 소프트웨어 개발 실력을 가지고 있습니다. 그러나 영리 목적의 회사를 차리지 않고 자유소프트웨어 재단을 설립하여 카피레프트 운동이라는, 정보화 사회의 새로운 시민 운동을 개척하였습니다.

리눅스를 만든 핀란드의 프로그래머 리누스 토발즈Linus Torvalds는 이 엄청난 운영체제를 재미삼아 만들었다고 표현합니다. 그냥 재미로 만든 지적인 작품들이 인류를 위해 큰 공헌을 하고 있다니 놀라운 일입니다.

카피레프트 운동의 참여자들은 인류가 함께 누려야 할 문화유산이 어느 특정 개인이나 기업의 이익에 봉사하는 것을 반대하고, 소프트웨어의 코드가 공개되어야 더욱 많은 해커들이 단점을 찾아내며 업그레이드로 이어져 정보화 진전에 도움이 된다는 신념을 가지고 있습니다. 정보의 독점으로 인한 양극화 현상의 심화는 이러한 신념의 정당성을 확인해 주고 있습니다.

그러나 무분별한 지적재산권 침해, 타인의 정신적 노고에 대해 정당한 대가를 지불하지 않는 것은 산업기반을 흔드는 등 부작용도

심각합니다. 요즘 중국에서 많이 들어오는 짝퉁 상품들이 대표적인 예입니다. 농심에서 만든 신라면은 세계적으로도 유명하지요. 중국, 인도 등지의 유학생이나 현지 교민들이 전하는 소식에 의하면 '신랄라면'을 비롯해 비슷한 이름의 유사품들이 많다고 합니다.

하지만 과거의 우리의 모습도 크게 다르지는 않습니다. 영화의 소재로도 많이 쓰였던 NICE 운동화도 그랬지요. 미국의 대표적인 운동화 메이커인 NIKE를 본 따서 만든 NICE는 고급 운동화를 동경하는 학생들이 저렴한 가격으로 즐겨 신던 제품입니다. 우리나라 기업 제품인 Pro-Specs를 본 딴 Pro-Sports란 상표도 추억으로 많이 회자되고요.

그래도 상표를 그대로 도용하지 않고, 이름을 살짝 바꿔서 시장에 내놓는 것은 애교로 봐 줄 만합니다. 누가 봐도 짝퉁이란 것을 알 수 있는 제품을 사서 이용하는 것은, 하나의 문화로 즐겼던 측면도 있습니다. 저 역시도 그랬고요.

하지만 디지털 시대에 돌입하면서 지적재산권 침해는 심각한 사회 문제가 되고 있습니다. 과거 녹음테이프를 복사하거나 교재를 복사하던 시대의 저작권 침해는 복제 과정에서 질이 현저하게 저하되므로 그리 심각한 문제로 여겨지지 않았습니다. 1990년대에 서태지와 아이들, 신승훈, 그리고 김건모 등의 가수가 100만장 이상의 음반 판매 기록을 남겼던 것은 디지털 시대가 시작되기 전, 음반시장 황금기의 일입니다.

요즘은 가수들이 음반만 팔아서는 먹고살기 힘들다고 합니다. 주된 원인은 1990년대 후반부터 우리가 빠른 속도로 정보화 시대에 돌입했기 때문입니다. 아날로그 방식의 음반은 음질을 유지한 채 복제를 하는 것이 거의 불가능합니다. 80년대 청소년들에게는 테이프 녹음이 가능한 일명 '더블데크'가 있는 카세트를 갖는 것이 소원이었습니다. 당시에도 불법 복제가 많았지만, 요즘처럼 가수들의 생계를 위협할 정도는 아니었습니다. 반면에 디지털 음원인 MP3파일은 무한으로 복사를 해도 음질이 그대로 유지됩니다. 워크맨에서 MP3플레이어로의 변화가 엉뚱하게도 가수들의 수입원을 차단해 버린 것입니다. 그때는 상권이 형성이 되면 목 좋은 곳에는 어김없이 음반 가게가 들어섰습니다. 허나 지금은 대표적인 사양 산업이 음반가게입니다.

비슷한 운명을 맞게 된 것이 비디오 가게입니다. P2P 사이트 등을 통해서 영화 파일이 공유되자 비디오 가게에서 영화를 빌려 보는 사람들이 줄어들기 시작한 것입니다. 케이블 방송이 시작되어도 굳건히 버티던 비디오 가게가 인터넷의 위력 앞에서는 맥을 못 췄습니다.

한때는 연인들의 데이트 장소였던 비디오방이나 DVD방도 폐업이 속출하고 있습니다. 사업주들이 문화관광부에 가서 불법 복제 단속을 요구하고 시위도 했다지만, 정부 당국도 별 뾰족한 수는 없는 것 같습니다. 뛰는 놈 위에 나는 놈 있다고 단속을 뚫고 파일 공유를 하는 네티즌들이 한 수 위에 있기 때문입니다.

저작권 침해가 심화되면 시장에 참여하는 사람들의 창작 의지를 꺾을 수가 있습니다. 노동에 대한 정당한 대가를 지불하는 것이 옳은 일이라면, 지식 노동에 대한 정당한 대가를 지불하는 것 역시 지극히 당연한 일입니다. 카피라이트에 입장에 서 있는 사람들은 이러한 맥락에서 지적재산권 침해에 대해 정부가 엄격히 단속해야 한다고 강조합니다.

여기서 카피라이트가 옳은지 카피레프트가 옳은지를 논할 필요는 없을 것 같습니다. 모두 나름의 주장이 있고 일면 타당성이 있기 때문입니다. 다만 빌 게이츠와 같은 사람들 속에 리처드 스톨만과 같은 사람이 있다는 것을 보면서, 저는 이 세상이 살 만한 가치가 있음을 느낍니다. 다 똑같은 것보다는 모두가 다른 세상이 더욱 재미있는 법이니까요.

지식공유에 치사해지지 않는 이는 얼마나 아름다운가

카피레프트와 관련하여 생각나는 사람이 또 한 명 있습니다. 쿠바 혁명의 전설적 영웅 체 게바라Ernesto Guevara de la serna입니다. 프랑스의 철학자 장 폴 사르트르JeanPaul Sartre가 '20세기의 가장 완전한 인간'이라고 칭송한 바 있는 체 게바라는 쿠바 혁명을 성공시키고 나서 안락한 권력자의 길을 마다하고 볼리비아 혁명 운동에 뛰어들었습니다. 그러고는 정글 속에서 전투를 수행하다가 정부군에 생포되어 결국 처형을 당했습니다. 이런 감동적 이력으로 인하여, 혁명이 성공한 이후 권력에 취해 망가져간 다른 혁명가들과는 대조적인 이미지로 많은 이들의 가슴속에 살아 있습니다. 그러나 이 글을 읽고 있는 사람들 중에도 체 게바라의 이름을 알고 있는 사람은 많지 않을 것입니다. 아니, 이름은 들어 봤어도 그의 혁명 정신까지 기억하는 사람은 흔치 않을 것입니다. 그러나 다음의 사진만은 기억하고 있는 사람이 많을 것입니다.

체 게바라

위의 사진은 체 게바라가 20세기의 아이콘으로 자리잡는 데 큰 공헌을 한 작품입니다. 이 사진이 티셔츠에 새겨지면서 많은 청년들이 체 게바라를 가슴에 품고 다녔습니다. 아마도 대중 예술가를 제외하고 체 게바라 같은 혁명가가 청년들의 아이콘으로 자리한 경우는 없을 겁니다. 체 게바라가 이처럼 시대를 풍미한 까닭은 그의 멋진 외모도 하나의 이유였겠지만, 무엇보다 그의 사진이 자유롭게 유포될 수 있었기 때문입니다. 이는 자신의 사진에 대한 지적재산권을 포기하고 많은 사람들이 자유롭게 사용하도록 한 한 사진작가의 결단이었습니다.

사진의 저작권은 쿠바의 사진작가인 알베르토 코르다Alberto

Korda에게 있습니다. 긴 머리에 쓴 베레모가 체 게바라 특유의 카리스마를 내뿜는 이 사진에 대하여 코르다는 지적재산권을 행사하지 않았습니다. 덕분에 많은 이들이 자유롭게 이 사진을 쓰게 되었고, 체 게바라의 혁명 정신도 세계 곳곳으로 퍼져 나갔습니다. 아마 코르다가 원했던 것도 바로 이것이었을 겁니다.

그런 코르다가 딱 한 번 지적재산권을 행사한 적이 있습니다. 러시아의 한 주류 회사가 체 게바라의 이미지를 광고에 사용했을 때입니다. 혁명 정신이 상업적으로 이용되는 것을 반대한 코르다는 지적재산권 침해로 손해 배상 소송을 제기하였습니다. 결국 그는 거액의 손해 배상을 받아냈고, 전액을 체 게바라가 혁명을 성공시킨 쿠바의 의료기관에 기부하였습니다. 체 게바라의 혁명 정신을 형상화한 사진작가다운 행동이었다는 생각이 들게 하는 일화입니다.

코르다는 사진을 찍은 사람은 자신이지만, 자신에게 그 소유권이 있다고는 생각하지 않은 것 같습니다. 더구나 이 사진을 이용하여 돈을 버는 것은 상상도 하지 못하였을 것입니다. 저였다면 약간의 돈이라도 챙겼을 터인데, 코르다는 그러지 않았습니다. 코르다가 아니었다면 저 역시도 체 게바라를 이렇게 잘 기억하지 못했을 것입니다.

지적재산권 포기는 그 누구도 강요할 수 없습니다. 그러나 코르다 같은 사람을 기억해 주는 일은, 누군가 무상으로 제공한 지적 창작물의 도움을 받는 사람으로서 지켜야 하는 최소한의 예의일 것입니다.

학교에서 근무하는 선생님들도 가끔 저작권 침해를 당합니다. 바로 중간고사와 기말고사 시험 문제입니다. 어떤 정보 업체에서는 학교에서 실시하는 정기고사 문제지를 수집하여 데이터베이스화해 놓고 있다고 합니다. 그걸 학생들에게 돈을 받고 파는 것입니다. 인근 학원에서는 선생님들이 작년 문제를 복사해서 문제집을 만들어 중간고사와 기말고사 기간에 특별 강의를 실시합니다. 모두 지적재산권을 침해하는 일입니다. 그래서 요즘은 학생들이 돈을 주고 기출 문제를 사지 않도록, 아예 학교 홈페이지에 작년 문제를 게시해 놓습니다. 덕분에 선생님들의 스트레스는 더욱 가중됩니다. 문제가 공개되면 이러쿵저러쿵 말들이 많아지기 때문입니다.

제가 있는 지역은 심하지 않지만 강남이나 분당, 일산 등 중산층 이상이 모여 사는 지역의 선생님들은 정기고사 문제를 낼 때마다 스트레스가 심하다고 합니다. 특히 영어 선생님의 경우에는 교사가 틀렸다고 낸 예시 문항을 가지고 학부모가 전화를 걸어, "미국에서 살다 왔는데 이런 표현을 미국 현지에서는 쓰고 있다"라는 식의 항의를 많이 한다고 들었습니다. 발음이 조금이라도 떨어지면 미국에서 몇 년씩 살다 온 학생들이 선생을 무시하는 것은 다반사입니다. 어떤 경우에는 해당 과목의 배경 학문을 연구하는 대학 교수가 전화를 해서 문제에 대한 이의를 제기한다고 합니다. 사태가 이 지경이니 선생님들이 문제 공개에 대하여 스트레스를 받지 않을 수 없습니다. 그러나 기출 문제가 상업적 용도로 데이터베이스화되고 있는 현실에서 학교 홈페이지에 시험 문제를 공개하는 것은 어쩔 수 없이 받아들여야 하는 대세가 되고 있습니다.

저는 개인적으로 사생활과 관련이 없는 공적인 모든 정보는 공개되는 것이 마땅하다고 생각합니다. 굳이 '정보화 사회의 권력'이라는 거대한 이론을 들먹이지 않더라도 정보의 독점은 소수의 이익만 보장할 뿐이니까요. 물건을 사는 것이든, 의사에게서 진찰을 받는 것이든, 학교의 시험 문제가 출제되는 방식이든, 모든 것이 많은 사람에게 투명하게 공개될 때 사회적으로 좋은 결과를 가져온다고 믿고 있습니다.

그래서 저는 자신이 정보나 지식을 독점할 수 있음에도 다른 이들이 자유롭게 사용할 수 있도록 하는 사람들의 미덕에 늘 감사하면서 살고 있습니다. 제가 지금 책을 쓸 수 있는 것도, 학생을 가르치는 직업을 가질 수 있게 된 것도 아낌없이 저에게 지식을 나누어준 누군가의 도움 때문이라고 생각합니다.

'배워서 남 주자'라는 말이 있습니다. 우리는 어렸을 때부터 '배워서 너 갖지 남 주냐'라는 말을 많이 들었습니다. 학생들에게 "너 잘 되라고 공부시킨다"라는 말도 흔히 하게 됩니다. 그러나 배워서 남 주는 사람을 많이 키워내는 것이 교육의 목표가 되어야 한다고 생각합니다. 배워서 남 주도록 노력하는 사람이 됩시다.

어디선가 많이 들어본 이야기 – 방송계의 저작권 침해 논란

방송가는 저작권 침해 논란이 가장 많이 벌어지는 곳 중의 하나다. 창작에 따른 사회적 파급력이 크고, 부가가치도 높기 때문이다. 이제 드라마의 표절 논란은 한번쯤 치러야 할 과정처럼 되어 버렸다. 표절 판정은 어떤 식으로 나며, 어떤 식으로 해결할까?

〈태왕사신기〉 VS 『바람의 나라』

만화 『바람의 나라』의 김진 작가는 고구려를 배경으로 네 명의 신이 나오는 등, 드라마 〈태왕사신기〉에 나오는 캐릭터가 자신의 것과 비슷하고 줄거리가 유사하다는 이유로 표절을 주장했다. 이 문제는 저작권심의조정위원회의 조정을 거치는 등 오랜 줄다리기 끝에 법정까지 갔지만, 결국 김진 작가의 패소로 일단락이 되었다. 재판부는 역사적 배경과 사실은 공공의 영역이라 저작권을 인정할 수 없다며 판결 이유를 밝혔다.

〈사랑이 뭐길래〉 VS 〈여우와 솜사탕〉

2001년 10월부터 이듬해 4월까지 방영된 MBC 드라마 〈여우와 솜사탕〉은 방송 사상 처음으로 법원으로부터 표절 판결을 받았다. 표절 대상은 공전의 시청률을 기록했던 김수현 작가의 〈사랑이 뭐길래〉라는 드라마였다. 두 드라마는 가부장적인 대가족 집안과 현대적인 핵가족 집안의 남녀가 만나 문화충돌 속에서 사랑을 이루는 비슷한 줄거리로 논란을 빚었다. 판결에서는 구체적인 표절을 입증하기가 쉽지 않으나, 스토리 라인과 갈등 양상이 비슷하다는 이유를 들어 3분의 1가량이 표절이라고 결론지었다.

『경성애사』 VS 『태백산맥』

드라마의 원작소설이 표절로 밝혀진 사례도 있다. 2007년 상반기에 방영된 KBS 드라마 〈경성스캔들〉의 원작 소설인 『경성애사』는 다른 사례와 달리 독자들의 예리한 눈에 의해 적발된 경우다. 시대물을 쓰고 싶었다던 작가는 자료 수집을 하다가 자신의 아이디어와 수집된 자료를 혼동했다면서 표절 사실을 시인했다. 『경성애사』는 별도의 법정 판결 없이 출판사가 시중의 책을 회수하고 재고를 폐기 처분하기로 한 것으로 일단락되었다.

13장 작정하고 쓴 종교 이야기

종교의 자유와 한국의 기독교

모든 국민은 종교의 자유를 가진다.
국교는 인정되지 아니하며 종교와 정치는 분리된다.
-대한민국 헌법 제20조

놀라지 마세요. 저는 교회 다닙니다

수업 시간에 '종교의 자유'를 가르치다가 제가 교회에 다닌다는 이야기를 하면 학생들은 깜짝 놀랍니다. 왜 그러는지 대충 짐작이 가지만, 짐짓 모른 체하면서 물어봅니다. "내가 교회에 다니는 게 이상하니?" 학생들은 그렇다고 대답합니다. "선생님은 신을 믿느니 나 자신을 믿으라고 할 것 같아요." 아마도 사회현상을 해부하여 배경을 설명하고, 위선적인 사람들의 소리를 이익추구의 관점에서 분석해내는 저의 사회과학적 사고가 학생들에게 그런 생각을 갖게 한 모양입니다.

생각해 보면 저와 생각이 비슷한 사람 중에 열심히 교회 다니는 사람이 별로 없긴 합니다. 그렇다고 제가 교회에 다니는 티를 잘 내는 편도 아닙니다. 전도를 열심히 하는 것도 아니라서 예수쟁이처럼 보이지도 않습니다. 그래서 정치 성향이나 하는 짓을 보면 꼭 교회에 다니지 않는 사람 같다는 느낌을 주는 것 같습니다.

얼마 전에는 교회를 옮겼습니다. 옮기게 된 이유는 간단합니다. 목사님께서 설교를 하시는데, 사립학교법 개정 이야기를 하면서 노무현 대통령을 비난하셨습니다. 개인적으로 인연이 있는 목사님이지만 사학법 개정 문제를 가지고 매주 설교를 하시는데, 듣고 "아멘" 하면서 화답하기가 쉽지 않았습니다. 신앙의 성장이라는 것이 목사님의 설교를 들으면서 이루어지는 것인데, 정반대로만 향해가는 마음을 가지고는 도저히 평안을 얻을 수가 없었습니다. 그래서 3년 넘게 다닌 교회를 떠나게 된 것입니다.

막상 옮기려고 하니 마땅한 교회를 찾기가 쉽지 않았습니다. 사학법 개정 문제는 보수적인 개신교가 교단 차원에서 나섰던 일이라 목사님들이 거의 모두 일치단결하고 있던 사안입니다. 아내가 전에 다니던 교회 목사님은 예배 시간에 사학법 개정을 막기 위한 통성기도를 전 성도가 하도록 시키셨으니, 어떤 분위기였는지 짐작이 가고도 남습니다. 그래서 여러 교회를 둘러보면서 정치색이 짙지 않은 목사님을 찾아야 했습니다. 역시나 무난한 설교를 하는 교회는 대부분 큰 교회였습니다. 아무래도 수많은 성도들이 있어서 정치적으로 민감한 사안에 대해서는 언급을 회피하는 것 같았습니다.

그러나 목사님이 사학법 개정 이야기를 하지 않으신다고 해서 교회에서의 내적 갈등이 전혀 없는 것은 아닙니다. 교회의 가장 큰 문제는 외형적 성장에 기대는 것입니다. 목사님들은 주로 교회를 크게 짓고 성도들이 많아지는 것을 믿음의 성장으로 보는 경향이 있습니다. 물론 여기에는 주님의 전을 크게 짓는다는 그럴듯한 명분이 자리합니다. 그러나 성도들이 자신의 경제력보다 많은 헌금을 하고 빚에 허덕이는 경우도 있습니다. 헌금은 믿음의 크기만큼 한다고 하지만, 교회가 성전 건축을 두고 갈등을 일으키고 돌이킬 수 없는 사태까지 가는 경우도 많았습니다. 교회란 믿는 자들의 모임이란 뜻인데, 한국에서는 커다란 건물을 지칭하는 것으로 오해되는 것도 수치스러운 문화적 현상입니다. 또한 예수님에 대한 믿음보다 목사 개인에 대한 카리스마가 크게 작용할 때 교회의 비극은 시작된다고 봅니다. 교회를 커다랗게 지으면서 담임 목사의 사진과 이름을 펼침막에 크게 인쇄해서 걸어 놓는 모습은 또 다른 우상을 떠올리게 합니다.

얼마 전에 벌어졌던 탈레반의 한국인 인질 사건에 대한 비난 여론은 그간 기독교가 행해 온 공격적 선교에 대한 반감에 기인합니다. 피랍된 교인들의 목숨이 스러져가는 와중에도 동정 여론보다 비난 여론을 많이 받은 것은 기독교가 짊어져야 할 업보였을지도 모릅니다. 개인적으로는 기독교가 그간 잘못했던 사건에 비하여 이번 사건은 그다지 큰 잘못이 아니었다고 생각했는데, 워낙 엄청난 반향을 일으켜서 비난 강도도 강했습니다.

교회의 가장 큰 잘못은 미국의 영향하에 기독교가 성장하면서 낮은 자의 자리를 떠났다는 데에 있습니다. 종교가 소외된 이웃을 위해 존재하는 것이 아니라 권력자와 돈 많은 자들을 위해 존재하게 되면 그 의의가 사라지는 것인데, 기독교는 여기에서 할 말이 없어진 것입니다.

1970년대 한국 가요를 세계적인 수준으로 끌어올렸다는 평가를 받는 '아침이슬'의 작곡가 김민기가 연출한 〈금관의 예수〉라는 연극이 있습니다. 〈금관의 예수〉는 반어적인 상황 표현입니다. 금관은 예수님에게 어울리지 않습니다. 예수님에게는 고난의 상징인 가시면류관이 어울립니다. 가시면류관을 쓰고 고난을 받으신 예수님이시기에 그는 진정으로 우리의 왕이었습니다. 그러나 한국 교회는 예수님의 머리에 금관을 씌워 박제화시키고 자신들에게 유리한 예수님을 형상화하였습니다. 연극에서 예수님은 금관을 벗고 나서야 어려운 이웃에게 친근한 벗이자 소외된 사람들을 위한 성자의 모습으로 나타납니다. 그러나 다시 금관을 쓰자 예수님은 멀어지고 권력자의 신으로 바뀌게 됩니다.

　기독교가 욕을 먹는 또 다른 이유는 '예수천국 불신지옥'으로 상징되는 배타적 선교 방식 때문입니다. 어렸을 때부터 훈련을 받고 자란 기독교인인 저마저도 거부감을 느낄 정도이니 믿지 않는 사람에게 줄 정서적 거부감은 상상 이상일 것입니다. 설사 기독교가 이 세상에 존재하는 유일의 진리일지라도 그것을 전파하는 방식은 세련되어져야 합니다. 선교에 열심인 기독교인들이 이 사실을 잊어버릴 때가 많다는 것이 안타깝습니다.

　마지막으로 기독교인이 욕을 먹는 데에는 위선이 자리하고 있습니다. 세상의 빛과 소금이 되라는 예수님의 말씀을 굳이 들먹이지 않더라도, 종교인이 착한 행실을 보여야 한다는 것이 상식입니다. 물론 기독교인이 타 종교인보다 행실이 나쁘다고 볼 수는 없습니다. 오히려 좋은 모습을 보이는 면이 많은 것도 사실입니다. 문제는 주목을 받을 수밖에 없는 공격적 선교를 하는 기독교인이 잘못된 행동을 하면 그 파장이 비종교인의 경우보다 크다는 사실입니다. 결국 세상 사람들이 짓는 잘못을 똑같이 저질러도 욕은 더 먹게 되는 것입니다.

교회, 학교와 내통하다?

교회가 욕을 먹는 이유를 나열하다 보니 학교 선생님이 욕을 먹는 이유와 유사한 점을 많이 발견하게 됩니다. 교사가 욕을 많이 먹는 이유도 위선 때문입니다. 교사도 직업인인데, 아직 한국 사회에서는 성직으로서의 관점이 강하고 교사들 스스로도 이 사실을 부인하지 않습니다. 문제는 교사들이 성직자와 같은 모습을 보일 수 없는 구조에서 성직관을 강요당한다는 데 있습니다. 공부만 잘하면 다른 것은 못해도 상관없다는 식의 공격적 교육 행태도 기독교와 유사한 모습입니다.

이러한 현실에서 미션 스쿨에는 기독교와 학교의 모순된 형태가 집약되어 나타날 수밖에 없습니다. 미션 스쿨의 문제는 결국 2004년 대광고등학교 사태로 나타났습니다. 당시 대광고등학교 총학생회장이었던 강의석 학생은 학내 종교의 자유를 주장하며 서울시교육청 앞에서 1인 시위를 하고 나섰습니다. 이는 종교 재단의 학교가 생긴 이래 처음으로 학생이 채플을 거부한 사례였습니다.

이 사건은 곧이어 단식 투쟁, 학교 측의 퇴학 조치, 법원에 의한 퇴학 처분 취소, 종교 선택권 보장에 대한 학교 측과의 합의 등 힘든 과정을 거쳐야 했습니다. 사건이 발생한 지 수 년이 지나 이제 강의석 학생은 서울대 법대를 다니는 대학생이 되었고, 얼마 전에는 학교가 강의석 학생에게 1,500만 원을 배상하라는 법원의 판결이 나오기도 했습니다. 1심 법원의 판결은 나왔지만, 종교의 자유와 종교 재단의 교육은 여전히 갈등 중입니다.

　법적으로야 강의석 학생의 승리로 끝날 것은 충분히 예측 가능한 일이었습니다. 종교의 자유는 헌법상 보장된 자유권의 하나로, 우리나라 헌법 20조 1항에 명문화되어 있습니다. 특히 종교의 자유는 양심의 자유와 밀접한 관련을 맺고 있으며, 종교를 강요한다는 것은 법 논리상 불가능한 일입니다. 당연히 사립학교의 종교 교육의 자유보다는 학생의 기본권 보장이 우선시됩니다.

　그러나 기독교인 입장에서 보면 대광고등학교도 피해자입니다. 사립학교는 건학 이념이 있고, 그 건학 이념에 따라 교육시킬 수 있는 권리가 있습니다. 기독교 계통의 학교라면 기독교 정신의 구현이 건학 이념이 될 것이고, 채플이라는 예배 참여는 학교의 필수적인 교과가 될 수 있습니다. 그러나 흔히 뺑뺑이*라 불리는 고교 평준화 제도에서는 학교가 원하는 학생을 선택할 수가 없고, 학생 역시 원하는 고등학교를 선택하는 것이 불가능하기 때문에 이러한 문제가 발생한 것입니다.

- - -

* 뺑뺑이　명사_❶ 숫자가 적힌 둥근 판이 돌아가는 동안 화살 같은 것으로 맞춰 그 등급을 정하는 기구, 또는 그런 노름. ❷ 추첨을 통해 진학할 학교를 정하는 방식. ❸ 소 장수들의 은어로, 구백 냥을 이르는 말. ❹ 방과 후에 학원을 여기저기 전전하는 행동. ❺ 춤 교습소에서 남녀가 춤추는 일을 속되게 이르는 말. 이래저래 놀라운 잠재력을 가진 단어, 뺑뺑이.

사학법 논란도 마찬가지입니다. 참여정부가 들어선 이후에 개정된 사립학교법은 학교를 운영하는 이사의 4분의 1을 재단 추천이 아닌 개방형 이사로 한 것이 핵심적인 내용입니다. 학교 운영 방침을 결정하는 이사회에 재단의 입김으로부터 자유로운 인사를 넣자는 의도입니다. 그러나 이는 종교 사학의 극심한 반발을 불러왔습니다. 종교 교육을 부정하는 인사가 이사회에 들어올 가능성이 있다는 것이 첫 번째 이유였고, 이는 학교의 건학 이념을 근본부터 흔들 수 있다는 문제 제기였습니다. 이에 대한 기독교의 반발이 거셌던 데에는 대광고등학교 사태도 한몫을 했다고 합니다. 사실 4분의 1이면 다수결로도 학교 운영을 좌지우지할 수 없는 숫자인데, 총학생회장이던 고등학생 한 명이 종교 교육의 근본을 흔드는 사태를 보고 위기감을 느꼈던 것입니다. '학생 하나가 아니라 이사진 4분의 1이면 일이 더 커지겠구나' 했겠지요.

저는 기독교인이면서도 일련의 사회적 논쟁에서 주류 기독교 목사님들과 반대되는 입장을 취해왔습니다. 기독교인 입장에서 보면 목사님들의 주장에 전혀 일리가 없는 것은 아니었지만, 빛과 소금이 되라고 한 예수님의 말씀에 비춰봤을 때 마음속으로 동의가 되지 않았기 때문입니다.

역사를 돌이켜 보면 참여정부 시대만큼 기독교 교단이 똘똘 뭉쳐서 정부 시책에 반대한 적이 없습니다. 국사 교과서에는 일제 말기에 신사참배에 반대하면서 기독교계가 항일운동에 앞장 선 것처럼 나왔지만, 사실 교단 차원에서는 대부분 신사참배가 국민의례에 불과하다며 찬성하였습니다. 그러나 해방 이후 명백한 우상숭배를 용

인한 것에 대하여 피를 토하는 참회를 했다는 기록을 저는 보지 못하였습니다. 저의 신앙 양심에 비춰봤을 때는 믿지 않는 사람들에게 억지로 예배를 강요하는 것보다는 믿는 사람의 우상숭배가 더욱 큰 문제입니다. 그러나 교단의 반응은 정반대였습니다.

사학법 개정이 대두된 이유는 재단의 비리 때문입니다. 사립학교에서 교사를 채용할 때 수천만 원의 학교 발전기금을 받는 것은 공공연한 사실입니다. 사립학교에서 정년퇴임한 교사의 딸이라는 분은 저에게 빈 자리가 있다는 사실을 알려 주면서, 당연히 돈은 준비해야 한다고 이야기한 적도 있습니다. 평소에 착하고 신앙심도 강한 동생뻘 되는 사람이었는데, 그러한 관행이 문제가 된다는 것을 전혀 인식하지 못하는 눈치였습니다. 저와 같이 대학원을 다녔던 후배 한 명은 면접에서 교사로 채용되기 전에 재단이사장을 먼저 만나라는 소리에 면접실에서 그냥 나와 버렸다고 합니다. 재단에 줄 만한 돈도 없거니와 교사가 되는 데 돈을 쓴다는 것이 내키지 않았다고 합니다. 이는 일부의 이야기라고 사립재단 관계자들은 강변하고 있지만, 사립재단의 전횡은 〈두사부일체〉로 영화화되어 많은 사람들의 공감을 사기도 하였습니다.

그런데 평소에는 상극처럼 보이던 기독교와 불교가 묘하게 일치점을 찾아내는 때를 자주 발견합니다. 대표적인 예가 대입 수능을 앞두고 벌어집니다. 절에서는 수능시험 백일 전 기원 법회가 열리고, 교회에서는 수능시험 새벽 기도회가 열립니다. 소원하는 대상만 다를 뿐이지, 종교·문화적인 양상은 전혀 구별이 되지 않습니다. 저는 가끔 교인들에게 교회만이라도 다른 모습을 보여야 되지 않겠나고 이야기하지만, 눈앞에 벌어지고 있는 경쟁 구도 앞에서 종교 본연의 모습을 강조하기는 쉽지 않습니다.

언젠가 절에 갔더니 기와에 시주한 사람의 이름을 써서 올리더군요. 시주한 액수에 따라 기와의 크기와 개수가 달라졌습니다. 옆에 있던 불교 신자에게 이래도 되겠냐는 이야기를 하려다가 관뒀습니다. 사실 제가 몸담고 있는 기독교의 모습도 과히 다르지 않았기 때문입니다.

목사님들의 말씀 중 '이건 아니다' 싶었던 또 하나는 주5일 근무제를 반대하고 나선 일입니다. 일부에서는 사탄의 음모라는 말까지 나왔습니다. 도대체 그건 또 무슨 말인가 들어 보았더니 주5일제가 되면 토요일과 일요일에 걸쳐 놀러가는 사람이 많아져 교회 출석률이 낮아질 것이라는 게 음모론의 근거였습니다.

교회에서 봉사를 하다 보면 일요일 하루는 온전히 교회에 바치게 됩니다. 저는 한참 열심일 때 평일보다 주일이 더 힘들다는 푸념을 하기도 했습니다. 기쁨으로 하는 봉사는 힘들지 않다고 하지만, 대학교를 졸업하고 직장을 다니면서는 가뜩이나 몸도 약한 터라 교회 봉사를 이어나가기가 벅찼습니다. 중노동에 시달리는 노동자들의 입장을 이해하지 못하는 목사님들이 잃어버린 어린 양을 찾아나설지 의심스럽기 그지없습니다.

이러한 한국 교회의 문제가 대한민국 교육의 문제와 결합되어, 대광고등학교 사태와 사립학교의 비리 문제가 나타난 것이라고 생각합니다. 종교계와 교육계는 독선과 아집이 나타나기 쉬운 사회 조직입니다. 기독교와 사립학교의 결합이 긍정적인 사회적 역할을 다

해야 할 텐데, 실제로 나타나는 모습은 최악의 조합인 경우가 많습니다.

낮은 데로 임하는 두려움

신앙 생활을 하는 기독인으로서 기독교에 대한 뼈 아픈 비난을 하는 제 심정이 편할 리 없습니다. 그러나 참 예수를 찾는 것이 바른 신앙인의 모습이라 생각합니다. '아프리카의 성자'로 불리는 슈바이처Albert Schweitzer* 박사는 역사적 예수의 진짜 모습을 찾다가 포기하고 아프리카로 봉사 활동을 하러 떠났다고 합니다. 이미 신학자로서 명성을 떨치고 있던 슈바이처는 모든 사람들이 자신의 시대 의식을 예수에 투영하는 바람에 역사적 예수의 참모습을 알 수 없다는 결론에 도달했습니다. 그래서 그는 연구를 통해서 알 수 없었던 예수의 참 모습을 아프리카 오지에서 의료 활동을 함으로써 찾아낸 것이 아닌가 싶습니다.

슈바이처의 이야기를 들으면서 참 예수의 모습은 금관의 자리가 아니라 낮은 자리에 있다는 것을 다시금 깨닫게 됩니다. 종교의 자유를 주장하던 강의석 학생에게 무리한 퇴학 처분을 내리고, 일자리를 찾는 교사 후보자에게 돈을 요구하는 모습 속에서 참 예수의 모

・・・
* 슈바이처 독일의 의사이자 신학자, 철학자, 오르간 연주자. 그가 거친 직업만 봐도 알 수 있듯이 다방면에 재주가 많은 사람이었다. 아프리카 의료 봉사뿐만 아니라 신학자로서도 명성을 크게 떨쳤다. 예수에 대한 그의 역사적 연구는 지금도 선구자적 업적으로 손꼽히고 있다. 그는 아프리카 봉사를 하면서 병원 운영비가 떨어지면, 유럽에서 오르간 공연을 해 병원 운영비를 충당했다고 한다.

습을 찾아내기란 쉬운 일이 아닙니다. 교회에서는 남을 실망시켜 교회에 나오지 않게 만드는 것을 '영적으로 실족케 하는 일'이라고 표현합니다. 저는 한국 교회가 사람들을 영적으로 실족케 하는 일이 많다는 것을 느낍니다.

아내와 저는 하나뿐인 아들을 위해 기도할 때, 예수님을 닮아가는 지혜로운 아이가 되게 해달라는 기도를 합니다. 그런데 예수님을 닮게 해달라는 기도가 작은 기도가 아님을 깨닫습니다. 그리고 제가 아들이 진정 예수님을 닮기를 원하는지 심각하게 생각해 보았습니다. 예수님을 닮아간다는 것은 낮은 데로 임하는 것이고, 봉사하는 삶이며, 내 것을 내어 주는 삶인데, 과연 자식이 그런 삶을 살기를 원하는지 고민이 되었습니다.

곰곰이 생각해 보니 그냥 좋은 직장 잡아서 아들딸 낳고 잘살기를 바라는 이기적 생각이 더 강하였습니다. 예수님을 닮아가게 해달라는 기도 역시 나 스스로 예수님에게 씌운 금관이라는 생각이 들었습니다. 예수님을 닮아가는 것이 돈 잘 벌고 직장 잘 다니는 모습은 결코 아닐 것입니다. 저의 이런 고민은 이기적이고 죄에 약한 인간이라면 누구나 비껴갈 수 없는 고민일 것입니다. 그러나 적어도 교회라면 예수님을 닮아가는 모습이 어떠해야 하는지에 대한 진지한 성찰이 있어야 한다고 생각합니다.

종교의 자유 앞에서 생각해 본 한국 교회에 대한 짧은 단상이었습니다.

기독교와 이슬람교의 대립은 적자와 서자의 대립?

2007년에 있었던 아프가니스탄 피랍 사태는 기독교와 이슬람교의 극심한 대립을 상징적으로 보여 주었다. 단기선교 활동을 떠났던 이들이 대외적으로는 봉사활동을 떠난 것으로 했던 이유도 납치 주범들이 이슬람 원리주의자인 탈레반이었기 때문이다. 2001년 미국에서 일어난 9.11 사건도 그 배경을 기독교 문명과 이슬람 문명의 대립으로 보는 시각이 있다. 이것이 사무엘 헌팅턴 교수의 유명한 '문명충돌론'이다.

이슬람 세계와 기독교의 서유럽은 이미 천 년 전에 십자군 전쟁이라는 대립을 겪은 바 있다. 이러한 대립의 원인으로 여러 정치·경제·사회·문화적인 요인을 찾아볼 수 있겠지만, 성서와 코란에 나오는 인물들의 대립관계를 통해서도 살펴볼 수 있다.

어쩌다 코란을 읽게 되는 기독교인들은 코란과 성서가 비슷한 점이 많아 놀라곤 한다. 코란에는 에덴동산의 아담과 이브, 노아의 방주, 아브라함의 이야기가 성서와 공통적으로 나오고 있다. 특히 믿음의 조상으로 기독교인들이 추앙하는 아브라함은 코란에서도 똑같이 신앙의 조상으로 기록되어 있다. 내용이 갈라지는 지점은 그의 아들 대에 와서이다.

성서에서 아브라함은 100세가 될 때까지 본처인 사라로부터 자식을 얻지 못한 것으로 나와 있다. 그래서 사라는 자신의 몸종인 하갈을 아브라함의 침실로 들게 하여 아들을 낳게 하였는데, 그의 이름이 이스마엘이다. 후에 하나님의 은혜로 본처 사라도 아들을 낳게 되는데, 그의 이름은 이삭이다. 성서는 이삭을 정통으로 삼아 그의 아들 야곱으로 대가 이어진다는 것을 명확히 하고 있다.

그런데 하나님이 아브라함의 믿음을 시험하기 위하여 하나뿐인 아들을 바치라고 했을 때, 지목된 아들이 누구냐가 성서와 코란의 결정적인 차이를 보여 준다. 성서는 지목된 아들을 이삭으로 기록하고 있고, 코란은 이스마엘로 기록하고 있는 것이다.

내용의 공유는 예수 이전의 기록인 구약으로 끝나지 않고, 예수에 대한 기록인 신약에까지 이어진다. 코란은 예수의 동정녀 탄생까지 인정한다. 다만 신약성서는 예수를 하나님의 아들로 기록하고 있는데 비해, 코란은 예수를 많은 선지자 중 한 사람으로만 기록하고 있다.

오늘날 이슬람교를 믿는 신자들은 그들의 교리에 따르면 모두 이스마엘의 후손이고, 기독교를 믿는 신자들은 이삭의 후예들이다. 믿음의 조상인 아브라함을 공유하고 있지만, 그 정통을 누가 이어받았는가에 대해서 확실한 대립지점이 존재하는 것이다. 성서에는 하나님을 부를 때 아브라함의 하나님, 이삭의 하나님, 야곱의 하나님이라는 소유격을 사용하여 부르는 예가 있다. 모두가 정통을 강조하는 표현임을 알 수 있다.

오늘날 기독교와 이슬람교의 대립을 적통이 누구냐를 묻는 대립으로 해석하는 것은 무리가 있다. 그러나 역사적 연원을 따져 보며, 믿음의 조상이 같음을 확인하는 것이 평화에 도움이 될 거라는 생각은 단지 순진한 발상일 뿐일까?

14장
왜 죽음을 결정할 권리를 말하는가

생존의 가능성이 없는 병자의 고통을 덜어 주기 위하여
인위적으로 죽음에 이르게 하는 일.

다시 쓰이고 있는 죽음의 순간

모든 사람이 겪게 되지만, 살아 있는 어느 누구도 경험해 보지 못한 세계가 죽음입니다. 권리와 관련하여 죽음이 중요한 것은 죽는 순간, 모든 권리를 내려놓기 때문입니다. 아기가 태어날 때는 세상의 모든 것을 쥐기 위하여 주먹을 불끈 쥐고 응애응애 하며 울지만, 사람이 죽을 때는 모든 것을 내어 주기 위하여 손을 펴고 죽는다는 이야기도 있지요.

어렸을 때 저는 죽음에 대한 생각이 많은 소년이었습니다. 인간의 죽음을 생각하기에는 너무 어렸음에도 인생이 참 덧없을 것 같다는 생각을 많이 했습니다. 몇 백 년 지나면 빙하기가 와서 인류가 멸망할 것이라는 등의 이야기를 친구들과 나누는데, 한 친구가 "다 우리 죽은 다음 일이니까 상관없다"라고 했던 말이 유독 기억에 남습니다. 그 친구의 말이 특별해서라기보다는 그 순간에 든 저의 생각이 아직 기억나기 때문입니다. 불확실한 세상의 종말보다 확실히 나에게 다가올 죽음이 더 두렵다는 생각이었습니다.

재수 끝에 대학 합격 소식을 전해드리고 얼마 지나지 않아 할아버지의 부음을 들었습니다. 처음으로 가까운 이의 죽음을 접하고 실감이 나지 않았습니다. 게다가 시골의 장례 풍습은 도시 생활만 해온 스무 살 청년에게는 낯설기만 했습니다. 누구보다 슬프긴 했으나 생소한 풍경에 어리둥절해 있을 때가 많았습니다. 과장된 곡소리, 귀신을 즐겁게 해준다며 윷을 놀고 있는 동네 청년들, 잔칫집처럼 드나드는 손님 등 전통적 장례 풍습이 저에게는 모두 새로운 문화 경험이었습니다. 장례식을 소재로 한 임권택 감독의 〈축제1996〉나 박철수 감독의 〈학생부군신위1996〉에는 이러한 우리나라 전통 장례 풍습이 잘 묘사되어 있지요.

법적으로 죽음은 권리능력의 상실을 의미합니다. 여기에는 상속의 문제가 얽혀 있어서 죽음의 시점을 명확히 하지 않으면 여러 문제가 발생할 수 있습니다. 우리나라 법에서는 '심폐기능정지설'을 채택하고 있습니다. 쉽게 말하면 심장과 폐 기능이 영구적으로 정지한 때를 사망의 시점으로 정하고 있는 것입니다.

이것과 대비되는 학설을 '뇌사설'이라고 합니다. 오늘날의 의학 기술은 뇌 기능이 정지해도 산소호흡기 등을 이용하여 심장과 폐의 기능을 한동안 유지시킬 수 있습니다. 그렇다 보니 뇌 기능이 정지하여 의학적으로는 사망으로 보아야 하는데, 법적으로는 살아 있는 사람이 되는 경우도 발생합니다.

　상속과 관련하여 제가 자주 드는 사례는 세계 챔피언에 도전했다가 링 위에서 사망한 김득구 선수 이야기입니다. 김득구 선수의 이야기는 〈울지 않는 호랑이(1996, 이혁수 감독)〉라는 영화로 만들어진 적이 있는데, 몇 년 전에 〈챔피언(2002, 곽경택 감독)〉이라는 이름으로 또 한 번 영화화된 바 있습니다. 워낙 드라마틱한 요소를 가지고 있던 사건이라 두 번이나 영화로 만들어진 것 같습니다.

　1984년 라스베이거스에서 열린 라이트급 타이틀전에서 김득구 선수는 당시 상대였던 맨시니 선수에게 맞아 링 위에 쓰러졌습니다. 김득구 선수는 곧바로 병원으로 후송되었으나, 뇌사 상태에 빠졌습니다. 당시 신문에서는 뇌사로 사망 판정을 내렸으나, 소식을 전해 듣고 미국 현지에 간 그의 홀어머니는 아들의 몸에 산소호흡기를 달고서라도 함께 귀국하기를 원했다고 합니다. 그러나 의료진이 김득구 선수는 이미 사망한 것이나 마찬가지라며 노모를 겨우 설득했다고 합니다. 뇌사라는 의학적 판단과 숨이 끊어져야 죽는 것이라는 전통적인 인식이 대립한 사안이었습니다.

　김득구 선수는 라스베이거스로 떠나기 전날, 뱃속에 자신의 아이를 잉태한 애인에게 챔피언 벨트를 따고 정식으로 청혼하기로 약속했다고 합니다. 그런데 결국 그 약속을 지키지 못하고 저 세상 사람이 되고 만 것입니다. 그가 죽고 며칠이 지나서 그의 애인은 언론에 스스로 모습을 드러냈습니다. 사진을 안고 우는 모습이 언론을 통해 공개되자 그 모습을 지켜보던 사람들도 함께 슬퍼했던 기억이 납니다.

　그때 많은 국민들이 안타까운 마음에 성금을 보냈는데 그게 상당한 액수였나 봅니다. 그래서 법적으로 이 돈의 상속자가 누구인지에 대한 논란이 일어나 신문에 소개되었습니다. 법적으로 사망인에게 자식이 있으면 자식과 배우자가 상속인이고, 자식이 없으면 부모와 배우자가 상속인이 됩니다. 배우자가 임신한 경우에는 뱃속 태아도 자식으로 인정되어 자식과 배우자가 성금을 갖게 됩니다. 그러나 애인의 경우에는 아직 정식으로 결혼을 하지 않았기 때문에 상속 자격이 없습니다. 따라서 모든 유산은 뱃속의 아이에게 상속이 됩니다.

결국 김득구 선수는 미국에서 일부 장기를 기증하고 조용히 숨을 거두었습니다. 이 사건은 WBC 세계 타이틀전에서 15라운드 경기가 12라운드로 줄어드는 계기를 마련하였고, 프로복싱의 존폐 문제까지 거론하게 만들었습니다.

지금도 우리나라는 뇌사를 인정하지는 않고 있습니다. 하지만 김득구 선수의 경우처럼 뇌사자의 장기를 여러 사람에게 기증하는 것은 가능합니다. 심장이 멈추고 난 다음에는 장기이식이 불가능하기 때문에 뇌사자의 장기는 장기이식을 기다리고 있는 사람에게 마지막 희망입니다. 그래서 특별법을 통하여 뇌사자의 장기를 적출하여 이식하는 것을 허용하고 있습니다.

경기 중 얻은 충격으로 뇌사 상태에 빠져 세상을 떠난 최요삼 선수도 김득구 선수와 비슷한 경우입니다. 2007년 12월 25일에 치러진 세계복싱기구(WBO) 플라이급 인터콘티넨탈 타이틀 1차 방어전에서 승리한 뒤, 최요삼 선수는 누적된 펀치의 영향으로 뇌사상태에 빠졌습니다. 결국 6명에게 장기를 기증하여 새 생명을 선사하고, 사망시점은 장기를 적출한 시점으로 기록되었습니다. 그의 장기적출은 밤

12시를 넘긴 새벽에 이루어졌습니다. 이유는 결혼도 못하고 사망한 최요삼 선수가 제삿밥이라도 얻어먹으려면 아버지 기일과 맞춰야 한다는 어머니의 간절한 부탁 때문이었다고 합니다. 손상되지 않은 장기를 얻으려면 뇌사자에게서 한 시라도 빨리 적출을 해야 하기 때문에, 수술 시간을 최대한 앞당겨 밤 12시로 정한 것입니다.

만약 특별법을 통해 허용하지 않으면, 심폐기능이 정지하지 않은 상태에서 장기를 떼어냈을 때 살인죄가 적용됩니다. 실제로 특별법 제정 이전에 어떤 의사가 뇌사자의 장기이식을 시도하여 사법처리가 추진된 적이 있습니다. 뇌사의 인정은 의학기술의 발달로 심폐기능의 인공적 연장과 장기이식이 가능해지면서 나타난 현대 과학의 새로운 논란거리입니다.

죽을 권리를 요구하는 사람들

뇌사와 함께 죽음과 관련하여 새로운 논쟁을 불러일으키고 있는 사안은 안락사입니다. 안락사 역시 과학기술의 발달로 인하여 사회적인 문제로 나타났습니다. 과거와 달리 인간의 인공적인 수명 연장이 가능해지면서, 고통 속에서 무의미한 생명 연장을 하게 되는 환자들이 늘어났습니다. 고통은 계속되고 있음에도 산소호흡기나 약물투여 등으로 생명을 유지하는 환자의 상황은 인류에게 '존엄한 죽음을 스스로 선택할 수 있는가'라는 철학적인 문제를 제기하고 있습니다. 독일의 철학자인 쇼펜하우어는 자살을 예찬한 학자로 유명하지만, 세계의 사상이나 종교 대부분은 자살을 금기시하는 것이 일반적입니다.

그러나 고통만이 계속되는 인간의 삶 앞에서 '자살은 죄악'이라는 기존의 논리만 되풀이하기에는 어려운 시점에 와 있습니다. 특히 약물을 투여하여 자살을 선택하는 적극적 안락사 이외에, 자연적으로는 이미 죽음을 맞이했을 환자에게 생명 연장술을 포기하는 소극적 안락사마저 불법으로 해야 하는가의 문제가 진지하게 제기되고 있습니다.

그러나 반론도 만만치 않습니다. 만약에 안락사를 허용하게 되면 법적인 한계 내에서 합법적인 살인이 일어날 것이라는 겁니다. 수술비나 병원비 대기가 어려워 안락사의 길을 택하게 될 가능성, 환자에게 안락사에 대한 심리적인 강요가 될 수 있다는 것이 반론의 주요 요지입니다.

현재 우리나라에서 소극적 안락사는 다반사로 허용되고 있다고 합니다. 아마도 병원비를 더 이상 감당할 수 없는 가족을 둔 환자들에게 가장 빈번하게 이루어지고 있지 않나 싶습니다. 목숨 앞에서 돈이 다 무슨 소용이냐고 이야기할 수도 있지만, 현실적으로 '산 사람은 살아야 한다'라는 논리가 무섭게 작용할 수 있습니다.

권리의 측면에서 안락사는 인간으로서의 존엄과 생명권이 부딪히는 문제이기도 합니다. 누구나 존엄하게 죽기를 희망하지만, 죽음 앞에 한 개체로 선 인간이 존엄하기를 희망하는 것은 부질없는 짓일지 모릅니다. 인류의 위대한 스승 소크라테스나 예수가 위대하게 기억되는 것은 죽음 앞에서 의연했기 때문일 것입니다. 존엄한 죽음의 권리를 인정하는 사람들에게 생명권은 하나의 권리로서 포기가 가능한 것이고, 안락사에 대하여 긍정적일 것입니다. 그러나 생명권을 권리인 동시에 의무로 보는 사람들, 대표적으로 종교인의 경우 안락사의 허용에 대하여 부정적입니다.

2007년 6월, '죽음의 의사'라고 불리던 잭 케보키안Jack Kevor Kian 박사가 8년간의 복역을 마치고 출소하여 미국에서 화제가 되었습니다. 그는 8년 전 소생 가능성이 없던 루게릭병 환자의 안락사를 도와 2급 살인죄로 기소되어 교도소 생활을 해야 했습니다. 박사는 출소하면서도 계속해서 안락사를 도울 것이라고 했고, 자신의 행동은 환자의 존엄성을 지키기 위한 행동이었다고 하면서, 자신이 가진 신념의 정당성을 강조하였습니다. 케보키안 박사의 출소를 계기로 미국 사회는 또다시 안락사 논쟁에 휩싸이게 되었고, 결론은 쉽사리 나지 않을 것으로 보입니다.

다만 죽음을 기억할 뿐입니다

저 역시 안락사를 어떻게 바라봐야 할지에 대해서는 판단이 잘 서지 않습니다. 대부분의 사회 문제에는 진보적인 쪽에 한 표를 던지곤 했지만, 저는 사람의 죽음에는 상당히 보수적인 생각을 갖고 있습니다. 죽을 권리마저 인간에게 있는지에 대하여 자신 있는 판단을 하기는 더욱 어렵습니다. 다만 인간에게 태어남이 있다면, 죽음도 닥칠 것이고, 그러므로 생활 속에서 죽음을 성찰하고 살아야겠다는 생각을 가지고 있습니다.

안락사가 우리나라에서 토론의 수면으로 떠오르기 힘든 이유는 죽음에 대하여 언급을 꺼리는 우리의 문화 때문이라고 생각합니다.

죽음을 생각하지 않는 문화가 지상의 것에 대한 맹목적인 추종과 무한경쟁의 한국 사회를 낳고 있는 것이 아닐까요.

우리가 언젠가는 반드시 죽을 수밖에 없는 존재임을 인정한다면 달라질 일들이 많이 있습니다. 우선 조금이라도 더 가지려는 자세에서 벗어날 것입니다. 숨을 놓는 날에 우리는 모았던 것을 모두 지상에 남겨 놓고 떠나야 합니다. 모래사장에서 열심히 성을 지어 놀다가 밥 먹으러 들어오라는 어머니의 부름에 망설이는 아이들이 있습니다. 애써 지은 성들이 무너지면 아깝기 때문일 것입니다. 그러나 가장 현명한 아이는 깨끗이 정리하고 일어서는 아이입니다. 그것은 가져갈 수 없는 허망한 욕심이기 때문입니다.

메멘토 모리Memento Mori!
네가 죽는다는 사실을 기억하라!

라틴어 격언이라고 합니다. 아직 죽음이 멀다는 생각이 강해서인지 저 역시 주워 담으며, 모으면서 살고 있습니다. 그러나 죽음을 생각한다면 조금이라도 퍼 줄 수 있는 마음이 생길 것도 같습니다.

메멘토 모리!
나의 죽음을 생각하는 오늘이 되어야겠습니다.

죽을 권리를 인정한 나라들

네덜란드는 세계 최초로 안락사를 합법화한 나라다. 안락사뿐만 아니라 동성간의 결혼, 매춘도 합법화되어 있으며, 코카인이나 마리화나 등도 의사의 처방전을 받아 구입할 수 있는 나라다. 이렇게 파격적인 제도들을 채택하고 있는 터라 사회가 상당히 혼란스러울 것 같지만, 하이네켄, ING, 필립스 같은 유명 다국적 기업들의 본사가 위치해 있어 경쟁력이 높은 나라이기도 하다. 그렇다면 네덜란드에서는 어떤 기준으로 안락사를 허용할까?

첫째 대상자가 불치의 환자여야 한다.
둘째 고통이 견딜 수 없을 정도로 극심해야 한다.
셋째 환자가 이성적인 판단으로 안락사에 응해야 한다.

네덜란드에서 허용되는 안락사는 의사의 판단 아래 약물 등을 이용하여 환자가 편안하게 숨지게 하는 적극적 안락사다. 2002년에는 벨기에가 세계에서 두 번째로 안락사를 허용하는 나라가 되었다. 물론 벨기에에서도 안락사를 시행하는 데에 까다로운 조건이 따른다. 의식이 있는 환자가 한두 번 죽고 싶다는 말을 내뱉었다고 해서 안락사를 바로 시행하거나, 뇌사자를 안락사시키지는 않는다. 현재 유럽에서는 스위스까지 포함하여 총 세 개의 나라가 적극적 안락사를 허용하고 있고, 그 밖에 다른 나라에서도 한참 허용여부가 논란이 되고 있다. 프랑스나 독일은 '존엄사'를 법으로 인정하고 있다. 사망자가 품위 있게 죽을 권리를 유서 등을 통해 명백히 밝힌 경우 존엄한 죽음을 선택할 수 있도록 허용하는 것인데, 네덜란드와 달리 소극적인 안락사, 즉 생명유지 장치 제거 등의 조치만 허용한다.

더 알아볼 거리

모두를 위한,
그러나 **낮은 자**에게 더 **친절한**
권리 촘촘히 알기

지금까지 살펴 본 천부인권이나 자연권 등에 대해 모든 법철학자들이 동의하는 것은 아닙니다. 시간과 공간을 초월하여 인류에게 보편타당한 질서가 있다고 보는 자연법론자들은 자연권의 개념을 인정하지만, 법실증주의자들은 자연권의 개념을 부정합니다. 법실증주의자들은 인간이 만들어낸 실제의 법만을 인정합니다. 기본적 인권조차도 모두 법질서에서 인정되어야 권리로서 효력을 갖는다는 견해를 갖고 있지요. 이러한 개념을 자연권에 대비하여 실정권이라고 합니다.

*자연권과 실정권의 대립*은 그 근원부터 따져야 하는 법철학적 문제라 쉽게 논의를 맺기 어렵습니다. 그러나 어쨌든 헌법에는 국가가 보장해야 할 인간의 기본적 권리가 열거되어 있습니다. 기본적 권

리, 즉 기본권을 보장해야 한다는 기본권 보장 사상은 어떤 철학적 원리하에서도 확고하고, 이는 우리나라 헌법 질서에도 잘 녹아 있습니다.

그럼에도 불구하고 기본적 권리를 행사하는 데에는 많은 제약이 따르는 것이 사실입니다. 이는 우리가 '권리'라는 개념을 알게 된 지 그리 오래되지 않았기 때문입니다. 한국뿐이 아닙니다. 한·중·일 동양 3국이 권리를 의식하게 된 것은 서구 문물이 들어온 후의 일입니다. 권리라는 말이 처음 나타나는 것은 1860년대입니다. 청나라 말기에 중국에 와 있던 미국인 선교사 마틴Martin, W.이 영어의 'right'를 권리權利로 처음 번역하였고 우리나라에는 유길준의 『서유견문』을 통해서 처음 소개되었습니다. 그때는 '통의'라는 말이 권리와 비슷한 의미로 사용되었습니다. 이는 우리보다 먼저 서양문물을 받아들인 일본에서 right를 통의通義로 번역한 전례가 있었기 때문입니다. 처음에는 권리라는 말이 그다지 좋은 의미로 쓰이지는 않았다고 합니다. 서양의 right에는 권리만이 아니라 그것을 주장할 자격, 의무도 수반되어 있었지만, 우리나라에서는 명확히 받아들여지지 않았나 봅니다.

우리의 권리 의식이 발달하지 못한 까닭은 오랫동안 이어져 온 농경문화도 큰 몫을 차지합니다. 우리는 오래 전부터 상부상조나 공동체의 연대의식이 강하여 법보다는 연줄이나 인정에 의하여 문제를 해결해 왔습니다. 우리가 정해진 규약이나 질서보다는 학연이나 지연 등 개인적 연줄에 의지하려는 경향이 강한 것도 이러한 문화적 배경 때문입니다. 그러나 산업사회에서 농경사회의 방식으로 문제를 해결하려는 것은 여러 가지 부작용을 낳을 수 있습니다. 본문에서 언급했다시피 그로 인해 사회적 약자들의 권리가 제대로 보장되지 못하고, 권력을 가진 자에 대한 복종이 강조되는 것입니다.

사회 운동은 거창한 것이 아니라, 바로 이러한 문화를 바꾸어 가려는 작은 노력입니다. 과격시위를 하면서 법질서를 어지럽히는 것이 아니라, 헌법에 보장되어 있는 기본적 권리를 보장받게 함으로써 약자의 이익, 법질서 확립을 얻을 수 있습니다.

헌법이 보장하고 있는 기본권 중에 포괄적인 기본권으로 '인간으로서의 존엄과 가치 및 행복의 추구'가 있습니다. 인간존중을 강조하고 행복추구권을 언급했던 1장과 2장에 관련된 내용입니다. 천부인권적 규정이자 기본적 인권에 대한 포괄적인 규정이라고 할 수 있습니다. 예를 들어 안락사를 지지하는 사람은 인간의 존엄과 가치를 위하여 존엄한 죽음을 택할 권리를 인정해야 한다는 입장입니다. 이 부분을 얼마나 적극적으로 해석하느냐에 따라 진보와 보수가 갈리기도 합니다.

인간의 존엄과 가치라는 포괄적 규정에 따라 인정되는 개별적 기본권에는 평등권, 자유권, 사회적 기본권, 정치적 기본권, 청구권적 기본권 등이 있습니다.

평등권은 '모든 국민은 법 앞에 평등하다'는 헌법 제11조 1항에 근거를 두고 있으며, 개별적 기본권 중에서도 가장 먼저 등장합니다. 중요한 것은 여기서 말하는 평등이 절대적 평등이 아니라, 상대적이고 비례적인 평등이라는 것입니다. 따라서 합리적인 차별까지 헌법이 금지하지는 않습니다. 가령 성적에 따라 입학할 수 있는 대학을 달리 한다든지, 어떤 영화는 미성년자가 관람할 수 없도록 하는 것, 병역의 의무를 남자에게만 지우는 것 등이 그러한 예입니다. 합리적 차별의 문제는 사회와 문화의 변화에 따라 달라집니다. 과거에는 합리적인 차별로 인정되던 것이 시간이 흘러 불합리한 것으로 인식이 바뀌는 경우도 종종 있습니다. 본문에서 언급한 모성권은 남녀평등과 관련된 조항으로 이러한 평등권에 근거를 두고 있습니다.

다음은 자유권적 기본권이 있습니다. 자유권에는 크게 정신적 자유, 신체의 자유, 사회·경제적 자유가 있습니다.

정신적 자유에는 양심의 자유, 종교의 자유, 언론·출판의 자유, 집회·결사의 자유, 학문과 예술의 자유 등이 있습니다. 양심적 병역거부의 인정은 헌법상 보장되어 있는 양심의 자유과 관계가 깊습니다. 양심의 자유란 '내밀한 마음을 표현하도록 강요받지 아니하며, 개인의 양심에 반한 행동을 강제 당하지 아니할 자유'를 의미합니다. 그러므로 개인의 양심에 따라 전쟁을 반대하는 양심적 병역거부자를 인정해야 한다는 분위기가 확산되고 있습니다.

우리 헌법은 '모든 국민은 신체의 자유를 가진다'라고 규정합니다. 신체의 자유는 말 그대로 신체에 대한 보전과 자유로운 상태를 말합니다. 이를 보장하기 위하여 헌법은 여러 장치를 두고 있습니다. 8장에서 이에 대해 일부 설명한 바 있습니다. 여기에 중요한 몇 가지를 더하자면, 죄형법정주의와 적법절차의 원리가 있습니다. 죄형법정주의란 죄와 형벌은 법에 정해져 있어야 한다는 것입니다. 법에 정해져 있지 않은 사항을 죄로 두지 않는 이유는, 권력자가 자의

적으로 범죄의 개념을 확장하여 인신구속을 남발하는 것을 방지하기 위해서입니다. 적법절차의 원리란 국민의 인신을 구속할 때 법과 절차에 따라야 한다는 조항입니다. 또한 자백이 범죄행위의 유일한 증거일 경우에는 피고를 처벌할 수 없습니다. 이 역시 신체의 자유를 보장하기 위한 장치입니다. 친족의 범죄에 대해 연대 책임을 지게 하는 연좌제도 같은 이유로 엄격히 금지되어 있습니다.

사회·경제적 자유에는 거주·이전의 자유, 직업 선택의 자유, 주거의 자유, 사생활의 비밀과 자유, 통신의 자유, 재산권의 보장 등이 있습니다. 여기서 주목할 만한 사실은 재산권의 보장이 자유권에 속한다는 것입니다. 재산은 노동을 통해 얻은 수익을 뜻하므로, 신체의 자유를 인정한다면 신체를 이용해 얻은 노동의 소산을 불가침의 권리로 인정해야 한다는 맥락입니다. 지적재산권 역시 정신적 노동의 산물에 의한 이익을 보장하려는 의도가 담겨져 있습니다. 하지만 오늘날과 같은 자본주의 사회에서는 재산을 노동의 산물만으로 보기 어려운 것이 사실입니다. 이에 대한 많은 사유들이 사회를 바라보는 생각들의 차이를 낳기도 합니다.

자유권과 평등권이 민주주의 도입의 초창기부터 보장되기 시작한 데 반하여 사회적 기본권은 자본주의발달과 함께 사회적 불평등이 심화되면서 뒤늦게 나타난 기본권입니다. 자유권에 빗대어 적극적 자유라는 개념도 나타납니다. 굶어 죽을 자유도 자유라고 할 수 있냐는, 빈민층의 자조 섞인 목소리입니다. 중세 시대에 신분의 제약에서 벗어난 농노들이 노동자가 되었다고 해서 사회적으로 진짜 자유로워졌다고 보기는 어려웠습니다. 왜냐하면 입에 풀칠을 하기 위해 하루 14시간 이상 노동해야 했기 때문입니다. 이는 법적으로 자유가 보장된다고 해서 실제로 자유가 보장되는 건 아니라는 사실을 보여 줍니다.

그래서 사회적 기본권이 발달하게 되는데, 이를 '인간다운 생활을 할 권리'라고 해서 '생활권'이라고도 합니다. 사회적 기본권을 강조하는 사람들을 일반적으로 진보적이라고 표현합니다. 본문에서 언급된 교육권, 건강권, 주거권, 환경권, 소비자의 권리, 노동기본권 등도 사회적 기본권에 속합니다. 사회적 기본권의 밑바탕에는 인간으로서 최소한의 생활을 국가가 보장해야 한다는 생각이 있습니다. 여기서 말하는 '최소한의 생활'은 경제가 발달하면서 점차 높은 수준으로 오르게 됩니다. 인간 생활의 최소한의 수준이 올라갈수록 인간의 가치와 존엄은 실질적으로 보장될 수 있겠지요.

다음으로 정치적 기본권이 있습니다. 2007년 12월 19일에 실시되었던 대통령 선거에서 투표율이 60%대에 머물렀는데, 이는 많은 국민들이 정치적 기본권을 포기했음을 뜻합니다. 민주주의의 시발인 시민혁명 이후에 모든 사람들이 투표권을 얻지는 못했습니다. 시민혁명 이후에도 차티스트 운동*이라는 선거권 확대 운동이 지속적으로 펼쳐졌습니다. 남녀 구별 없이 모든 이에게 투표권이 주어지는 보통선거가 제도적으로 확립된 것은 겨우 20세기 이후의 일입니다.

* 차티스트 운동 1830년대에서 1840년대에 걸쳐 일어난 영국 노동자의 참정권 확대 운동이다. 노동자들은 6개 조항을 담은 인민헌장People's Charter을 국회에 보내 참정권 보장과 보통 선거 제도의 실시를 요구했다. 이러한 노력의 결과로 6개 조항 중 5개 조항이 받아들여졌다.

우리나라가 보통선거를 실시한 것은 1948년으로, 영국이 처음으로 보통선거를 실시한 1928년과 불과 20년밖에 차이가 나지 않습니다. 그러나 오랜 기간에 걸쳐 발달한 서구 민주주의와 달리 우리나라의 민주주의는 외부에 의해 일거에 주어졌기 때문에, 이후 몇십 년간 많은 시행착오를 겪을 수밖에 없었던 것입니다.

정치적 기본권에는 투표권뿐만 아니라 피선거권과 공직취임권도 있습니다. 피선거권이란 선거에 출마할 수 있는 권리이고, 공직취임권은 공무원이 될 수 있는 권리입니다. 여기서 공직취임권은 공무원이 될 기회를 균등하게 제공한다는 뜻이지 무조건 공무원이 될 수 있다는 것은 아닙니다. 당연히 선거에 당선되거나 시험에 합격하는 등 법적 절차를 충족해야 하지요.

마지막으로 청구권적 기본권이 있습니다. 이는 국민이 국가에 대하여 일정한 행위를 적극적으로 청구할 수 있는 권리로, 기본권을 보장하기 위한 기본권입니다. 국민의 알 권리를 위하여 정보공개를 요청하는 것도 청구권 중 하나입니다. 국가가 당연히 해야 할 일을 하지 않을 때 국민이 청구권을 활용하면 기본권 침해를 회복하거나 방지할 수 있습니다.

지금까지 이야기한 기본권들은 누구나 누릴 수 있는 권리이고 국가는 이를 보장할 의무가 있습니다. 한편 헌법에 열거되지 않았어도 일반적으로 인정받는 권리도 있습니다. 주거권의 경우가 그렇습니다. 주거권은 헌법에 규정되어 있지 않지만, 헌법학자들은 이를 국민 기본권의 하나로 인정하고 있습니다.

그러나 **기본권도 절대적인 권리는 아닙니다.** 헌법에서는 다음과 같은 조항으로 기본권 제한의 근거를 두고 있습니다.

> 헌법 제37조 2항 "국민의 모든 자유와 권리는 국가 안전 보장, 질서 유지, 또는 공공 복리를 위하여, 필요한 경우에 한하여 법률로써 제한할 수 있으며, 제한하는 경우에도 자유와 권리의 본질적인 내용을 침해할 수 없다."

우리 헌법에서는 **기본권이 제한될 수 있는 사유**로 국가 안전 보장, 질서 유지, 공공 복리라는 세 가지 사유를 들고 있습니다. 이에 관련된 사유가 있으면 국민의 기본권은 유보될 수 있습니다. 그러나 기본권 제한은 반드시 법률로만 가능하며 어떠한 일이 있어도 본질적인 내용을 침해할 수는 없습니다. 본질적인 내용이란 사회적 합의에 따라 달라질 수 있지만, 가장 대표적인 것을 꼽으라면 생명권이 있습니다. 생명의 유지는 인간을 비롯한 모든 생명체의 전제조건입니다. 그러므로 생명권은 자유와 권리의 본질적 내용이라 할 수 있습니다. 사형제 폐지를 주장하는 사람들의 논거가 바로 여기에서 출발합니다.

이 책에서는 사소한 이유로 무시되거나 혹은 관행적인 무의식, 기본권에 대한 후진적인 인식 등으로 무시되곤 하는 권리들에 대해 이야기했습니다. 권리라는 말 자체가 서양에서 들어와 우리에게 익숙하지 않은 면이 있지만, 근대적인 법치주의는 우리 사회의 기본

틀입니다. 따라서 법적인 권리를 행사하고 존중하며, 그에 수반되는 의무를 지켜야 합니다.

 흔히 "의무도 제대로 지키지 않으면서 권리만 주장한다"라는 이야기를 합니다. 민주주의의 정착과정에서 그런 부작용이 있었던 것도 사실입니다. 하지만 의무보다 권리를 많이 강조하는 것이 사람의 속성이기도 합니다. 문제는 권력을 가진 자가 본인의 그러한 속성을 무시하고, 낮은 자의 권리를 무시할 때 그러한 비판을 하는 것입니다. 의무 이전에 권리만 앞세우지 않았는지 생각하는 태도는 분명 우리에게 필요합니다. 하지만 그것은 타인에 대한 강요가 아니라 스스로에 대한 반성이어야 합니다.

 기본권은 누구에게나 보장되어야 할 권리지만, 힘없고 돈 없는, 가장 낮은 이에게 먼저 보장이 되길 바랍니다.

맺는 이야기

상대적이고 절대적인 '착함'의 모호함

저는 어렸을 때부터 '착한 것이 무엇인가'를 고민해 왔습니다. '사람 좋다'라는 말이 사회에서는 결코 좋게 들리지 않는다는 사실을 알고 나서도 '나쁜 것은 무엇인가'를 알기 위한 고민은 계속되었습니다. 중매 시장에서는 사람 좋다는 이야기만 장점으로 내세우면 별로 환영받지 못한다는 속설도 있습니다. 얼마나 내세울 것이 없으면 사람 좋다는 칭찬만 나오냐는 것입니다.

우리도 살다 보면 착한 사람을 과히 좋아하지 않는다는 것을 알 수 있습니다. 그보다는 매력이 있거나 능력 있는 사람을 더 선호하니 말입니다. '여우하고는 살아도 곰하고는 못 산다'라는 말도 그런 배경을 가지고 있는 말입니다.

흔히들 착하다는 사람들에게 많이 나타나는 성격이 우유부단함입니다. 착한 사람이 한 조직의 수장이나 중간 관리자가 되었을 때 가장 많이 먹는 욕이 그것이지요. 아래에서 치이고 윗사람에게 눌리면서 모두에게 좋은 소리를 못 듣는 경우가 왕왕 생기는 것입니다.

본래 사람들에게 이기적인 속성이 있어서인지, 착한 사람들을 좋아해 주기보다는 이용하려는 경우가 많습니다. 양보했던 사람에게만 계속 양보를 요구하는 경향도 다분합니다. 개인적인 양보만 하면 크게 문제가 되지 않지만, 단체의 일일 경우에는 문제가 커지는 경우도 많습니다. 그래서 리더에게는 착한 성품보다는 결단력이 많이 요구됩니다.

하지만 그래도 저는 착한 사람을 좋아합니다. 착한 사람이 좋다고 하려면 착한 것의 기준이 있어야 하겠지요. 그러나 사회과학적으로도 착함의 정의를 찾는 것은 쉬운 일이 아닙니다. 이념에 따라 착함의 가치가 정반대로 나타나기도 합니다. 전 재산을 가족에게 상속하지 않고 사회에 환원하여 많은 이들에게 본보기를 보여준 유한양행의 유일한 박사를 많은 사람들이 이구동성으로 착하다고 합니다. 그러나 이념에 따라서는 유일한 박사보다 삼성그룹을 세운 이병철 회장을 더 착한 사람이라고 말하는 학자들도 있습니다. 유일한 박사는 조금 큰 기업을 세운 것에 불과하지만, 이병철 회장은 굴지의 대기업을 만들어 많은 사람을 실업에서 구제하고 그 가족들이 먹고살 수 있도록 해주었으니 더 착한 사람이라는 것입니다. 우스개가 아니라 진짜 이러한 논리를 펼치는 경우가 많습니다. 아마 이 정도까지 오면 무엇이 착한 것인지 헷갈린다는 말이 이해가 가실 겁니다.

개똥철학으로 제가 내린 '착하다'의 정의는 자신의 권리를 기꺼이

남에게 내어 주고 양보하는 사람입니다. 내 수중에 있는 돈을 내가 처분할 수 있는 권리를 가지고 있지만, 그 권리를 포기하고 기부하는 행동은 착한 행동입니다. 내가 어떤 사람에게 폭행을 당해서 자연법상으로 복수의 권리가 존재한다 할지라도, 예수님과 같은 마음으로 용서를 한다면 그것은 착한 행동입니다. 내가 가진 권리를 남을 위해 양보할 수 있는 사람이라면 저는 그 사람을 착한 사람이라고 부르고 싶습니다.

이렇게 결론을 내렸는데 금방 하나의 난점이 생겼습니다. 누군가 자신의 권리를 양보하는 것 같긴 한데 뭔가 찜찜한 느낌을 받을 때가 있는 것입니다. 권리를 아랫사람이나 자기보다 어려운 사람이 아니라, 더 많은 권력을 가지고 있는 윗사람이나 자기보다 잘사는 사람에게 양보할 때입니다. 아무리 봐도 양보가 아니라 권력에 대한 굴종이거나, 다른 반대 급부를 노리는 것이 아닌가 하는 의심이 들기 때문입니다.

그래서 저는 착하고 옳은 것에 대한 사회적 합의를 알기 위하여 법을 공부하기로 결심했었습니다. 실제로 한국방송통신대학 법학과에 편입하여 몇 년간 법을 공부하기도 했습니다. 그러나 법은 기능이지 철학은 아니었습니다. 법 역시 착한 것과 옳은 것에 대한 객관적인 기준을 제시하지 못하였습니다. 수학적 논리 전개에 의하여 판결이 이뤄질 것이라는 신뢰와는 달리, 판사의 개인적 주관에 의해 판결이 좌지우지되는 경우가 많다는 것도 알게 되었습니다.

공부를 하다가 착한 것의 절대 지점을 찾지 못하게 되니 극단적인 상대주의에 빠져들고 싶은 욕심이 생기기도 했습니다. 세상에 절대적으로 옳은 것은 없고, 너도 옳고 나도 옳다는 식입니다. 그러나 여기에 빠져들면 세상은 힘 있는 자의 것이 되고, 모든 잘못된 것에 대한 저항은 의미가 없어집니다.

그래도 명색이 사회를 가르치는 선생님인데, 사회과학 공부를 한 끝에 내린 잠정적인 결론이라도 있어야 할 것 같았습니다. 그래서 내린 결론이 '착한 것이란 남을 위하여 자신의 권리를 내어 줄 줄 아는 마음'이었습니다. 그러나 전제를 달지 않으면 이것도 악용될 소지가 있다는 것을 알고 단서를 달아 주기 시작했습니다. '낮은 자를 위한 양보를 하라'는 것입니다. 높은 자를 위한 양보는 양보라기보다는 아부가 되기 쉽습니다. 그리고 예절이라는 그럴듯한 논리로 포장을 하게 됩니다.

가정을 가지고 보니 양보해야 할 대상이 많이 늘어남을 느낍니다. 아내에게도, 아들에게도 양보해야 할 권리들이 많이 생깁니다. 주말에는 쉬고 싶은 욕망도, 학교에 열심히 나가 잘 보이고 싶은 욕망도 포기하고 가족과 함께하려고 애를 씁니다. 가정의 행복은 가부장제 아래에서는 남자의 역할이 절대적이라고 생각하기 때문입니다.

평소에 밤 10시 넘어서까지 근무하고, 놀토와 휴일을 바치면서까지 우리가 얻어야 할 가치가 무엇인지 저는 정말로 잘 모르겠습니다. 그래서 저는 평일은 모르겠지만, 놀토와 휴무일에 휴식할 권리를 지키기 위하여 얼굴을 붉힐 때가 많이 있습니다. 권리를 양보하는 대상을 구분하는 것입니다.

지금까지 저의 권리 이야기는 낮은 자를 위한 권리 이야기였습니다. 높은 자는 스스로도 자기 권리를 지키지만, 아래에서 알아서 지켜 주는 경우도 많이 있습니다. 그런 높은 자의 권리를 위해 저마저 하나의 노력을 더할 필요는 없다고 생각합니다.

세상에서 가장 불쌍한 사람이 얼마 보장되어 있지 않은 자신의 권리마저 제대로 챙기지 못하는 사람입니다. 그래서 저는 인권변호사나 외국 노동자를 위한 인권 운동을 하시는 분들, 환경보호 운동을 하시는 분들이 참 착하다고 생각합니다. 이런 분들의 공통점은 모두 낮은 자의 권리를 위하여 자신의 권리를 포기하고 나서시는 분들입니다.

깡패들이 많이 한다는 우스개 중에 '차카게 살자'라는 말이 있지요. 힘없는 사람들 등쳐 먹는 조폭들도 착하다는 말을 이렇게 오용하고 살고 있습니다. 자신의 권리를 낮은 자의 권리를 뺏는 데 사용하면 그것이 조폭의 행동입니다. 낮은 자의 권리를 보장해 줄 수 있을 때, 진정으로 착한 사람이 된다고 생각합니다. 차카게 삽시다.